Der mittelalterliche Dolch

Band I

Der mittelalterliche Dolch

Guy Windsor

Fotos: Jari Juslin
Illustration auf Seite 37: Jani Hyväri

Übersetzung: Frank Polenz
Layout, Lektorat und Übertragung des Dolchgedichts von Seite 7:
Dierk Hagedorn
Gedruckt bei Lightning Source

ISBN 978-952-7157-00-8 epub
ISBN 978-952-7157-01-5 pdf
ISBN 978-952-7157-02-2 mobi
ISBN 978-952-68193-8-9 paperback
ISBN 978-952-68193-9-6 hardcover

Für
Lenard Voelker
Gentleman, Gelehrter und beeindruckender Kämpfer

Der Dolch

Eine noble Waffe, der Dolch, bin ich,
hab meine Tücke und Kunstfertigkeit.
Im nahen Kampf verwund' ich dich
Niemand besteht, bin ich bereit.

Ich vollbringe edle Waffengänge:
Wer könnte mir je widerstehen?
Keine Rüstung, die ich nicht bezwänge,
auch keine Waffe, du wirst's sehen.

Schützen, stechen, brechen und binden,
Ringen, dir deine Waffe nehmen.
Du schlägst mich? Du wirst finden,
Heut' noch werd ich dich beschämen.

Den grausen Kampf beschließt mein Stich:
Der Waffen Meister, das bin ich.

INHALT

EINLEITUNG ZUR REIHE
DIE KUNST DER WAFFEN

Ende 2009 begann ich ein Handbuch zum Training mit dem Langschwert zu schreiben, um mein erstes Buch *The Swordsman's Companion* aus dem Jahr 2004 zu ersetzen. Etwa zu dieser Zeit fing ich an, Fiores Schwertmaterial nicht mehr isoliert vom restlichen System zu unterrichten und regelmäßig Dolchtechniken in meine Langschwertklassen einzubinden. Aufgrund dessen wollte ich natürlich ein Kapitel über die Grundlagen des Fallens und des Dolchkampfs mit in mein neues Buch aufnehmen, doch der erste Entwurf von Mitte 2011 enthielt bereits ganz klar zu viel Material, um alles in einem einzelnen Buch unterzubringen. Deswegen entnahm ich das etwas längere Kapitel über den Dolch und einige Inhalte zu Beinarbeit sowie Fallpraktiken und spielte mit dem Gedanken, ein separates Buch zum Dolch zu schreiben. Weiterhin bemerkte ich, dass auch das reduzierte Buch zum Langschwert noch zu groß werden würde, weshalb ich es noch einmal teilte, um die anspruchsvolleren Techniken in einem weiteren Band zu veröffentlichen.

Während ich dieses Buch zum Dolch schrieb, wollte ich darauf aufmerksam machen, dass Fiores Originalwerk in Versen geschrieben ist, weshalb ich einen kleinen Teil des Textes nahm und ihn mir in dieser Hinsicht ansah. Hier machte ich dasselbe mit der englischen Übersetzung, die ich in einem Sonett verarbeitet habe. Dies führte zu einem weiteren Band, meinem *Armizare Vade Mecum*, eine Sammlung von gereimten Merksprüchen vom November 2011.

Was also als *ein* Buch begann, liegt nun in *vier* separaten Bänden vor; und dieses, der Dolch, ist der logische Einstieg, um Schüler des Schwertes in die wunderbaren Tiefen von Fiores Kunst zu einzuführen.

EINLEITUNG ZU BAND I:
DER MITTELALTERLICHE DOLCH

V or rund 600 Jahren schrieb ein Mann namens Fiore dei Liberi eines der besten Bücher zur Kampfkunst, die es jemals gab: *Il Fior di Battaglia*. Darin gibt er die fundamentalen Konzepte und Techniken für die gesamte Breite der ritterlichen Kampfkunst an, ob zu Fuß oder Pferd, mit Rüstung oder ohne, unbewaffnet oder bewaffnet mit Dolch, Schwert, Axt oder Speer. Seine Kunst, die er *Armizare* nennt (wörtlich, als würde man das Wort „Waffe" als Verb verwenden), wurde in den letzten 20 Jahren von engagierten Forschern und Anwendern der Kunst aus seinem Text und seinen Bildern neu entwickelt. Ich verdiene meinen Lebensunterhalt damit, *Armizare* (und andere Systeme der europäischen Schwertkunst) zu unterrichten und habe dieses Buch geschrieben, um es Schülern zu ermöglichen und zu erleichtern, einen Zugang zum Dolchmaterial in Fiores Werk zu finden.

Von Fiores *Fior di Battaglia* gibt es vier Versionen, die alle handgeschrieben und unterschiedlich sind. Diese, benannt nach ihren Aufbewahrungsorten, sind: das *Getty MS* (MS = Manuskript) im Getty Museum in Los Angeles, das *Morgan MS* in der Pierpont Morgan Library in New York, das *Pisani Dossi MS* in Privatbesitz in Italien und das *BnF MS* in der Bibliothèque nationale de France in Paris. Ich benutze vor allem das *Getty MS* für meine Arbeit, mit Zusätzen aus dem *Pisani Dossi MS*, wenn ich diese benötige.

Fiore dei Liberi (dessen Name „Blume der Freien" bedeutet und dessen Meisterwerk „Die Blume des Kampfes" heißt) wurde etwa im Jahre 1350 geboren und starb nach 1410. Als Experte in der Kunst des Kampfes nannte er viele berühmte Ritter seine Schüler. Wir wissen allerdings nicht viel mehr über ihn, als er selbst autobiographisch in der Einleitung seines Buches angibt. Dennoch ist die Hauptstraße seiner Heimatstadt (Premariacco in Italien) immer noch nach ihm benannt, was darauf schließen lässt, dass er tatsächlich so gut war, wie er schreibt. Sein Werk ist breit gefächert und der

Abschnitt über den Dolch bildet mit 76 einzelnen Stücken den größten Teil seiner Arbeit. Diese schließen sich an die 20 Stücke des Ringens an und stehen vor dem Kapitel zum einhändig geführten Schwert. Zwischen dem Kapitel zum Ringen und dem Dolch befinden sich jedoch noch vier Stücke mit einem kleinen Stock (*Bastoncello*), welche die bewaffneten Techniken mit dem Dolch von den unbewaffneten des Ringens trennen. Zwischen dem Dolch und dem Schwert findet sich ebenfalls ein kurzes Übergangskapitel, in dem neun Stücke vom Dolch gegen das Schwert und andersherum gezeigt werden. Diese habe ich in dieses Buch mit aufgenommen, da sie viel zu brilliant sind, um sie Ihnen vorzuenthalten.

Was ist nun also ein solches Stück? Die Art und Weise, wie Fiore sein Werk organisiert, ist äußerst wichtig, um seine Kunst zu verstehen. Jede Technik wird als Antwort auf eine bestimmte Attacke oder Situation gezeigt. Die einzelnen Abschnitte beginnen jeweils mit einem *Meister des Gegenmittels* (*Rimedio*, Heilmittel, also wörtlich ein Mittel gegen eine Bedrohung), der eine Krone trägt und eine bestimmte Art von Verteidigung mit dazugehörigem Gegenangriff durchführt (zum Beispiel die Attacke blocken und dem Gegner den Dolch nehmen). Seine Schüler tragen ein Strumpfband und führen jeweils eine Technik aus, die auf die Verteidigung ihres Meisters folgt (wie das Blocken der Attacke und den Angreifer zu Boden werfen). Diese Techniken können auch vom Angreifer noch einmal gekontert werden, was dann von einem Kontermeister gezeigt wird, der eine Krone und ein Strumpfband trägt. Auf den Seiten von *Fior di Battaglia* kann man jeweils vier Bilder finden, die den Angreifer und den Verteidiger in spezifischen Situationen zeigen. Jedes dieser Bilder nennen wir ein *Stück* (*Zogho* in Fiores Werk, eine alternative Übersetzung ist *Spiel*). Eine einzelne Technik, wie das Blocken und Werfen des Gegners, kann sich über ein oder mehrere Stücke ausbreiten. Zuerst zeigt der Meister den Block, dann einer seiner Schüler den Wurf. Wenn wir nun eine Sequenz durchgehen, in der ein Angriff geblockt wird, der Verteidiger versucht, den Angreifer zu entwaffnen und der Angreifer noch einen Konter durchführt, kann sich eine Technik auch über drei oder vier Stücke erstrecken.

In Fiores Werk verhalten sich die gekrönten Meister wie die Überschriften von Kapiteln. Sie zeigen eine erste Parade, von der ausgehend dann ein

Gegenangriff erfolgt. Um das Ganze nicht ausarten zu lassen, hat Fiore diese Meister beim Dolch auf neun begrenzt. Diesen neun Meistern folgen dann jeweils ihre Schüler, die seine Techniken zeigen. So sind dies beim ersten Meister 20 Stücke, sodass wir insgesamt 21 Stücke des ersten Meisters des Dolches finden können. Wenn wir also über Techniken von Fiore diskutieren, dann sagen wir Dinge wie „wenn das dritte Stück des sechsten Meisters im *Getty* wie folgt durchgeführt wird…" und können dann im Buch genau einsehen, von welchem Bild mit dazugehörigem Text die Rede ist (oder das Ganze aus dem Gedächtnis abrufen). Manchmal wird die erste Technik vom Meister selbst durchgeführt, ein anderes Mal wird sie sich jedoch ins zweite Stück erstrecken. Im weiteren Verlauf werde ich die Nummern der Stücke zu den jeweils beschriebenen Techniken stets angeben, sodass Sie die Möglichkeit haben, meine Interpretation mit dem Original zu vergleichen.

Dieses Buch beginnt mit der Beinarbeit und den grundlegenden Positionen, vor allem auch, um meine Terminologie zu verdeutlichen. Darauf folgend werde ich etwas zum Dolch und den richtigen Griff schreiben, gefolgt von den vier grundlegenden Angriffslinien. Danach kommen die fünf „Dinge, die man wissen muss," um sich gegen einen Dolch zu verteidigen. Anschließend werden wir die fünf Dinge auf die vier Linien anwenden und die Fertigkeiten betrachten, die dafür notwendig sind. Während wir dies tun, werden Sie feststellen, dass wir den einen oder anderen der neun Meister als Grundlage für unsere Techniken verwenden. Jene, die bis dahin nicht betrachtet wurden, werden wir im Anschluss behandeln.

Nachdem wir damit fertig sind, werden wir uns die verschiedenen Bedingungen erarbeiten, die in einem Kampf dazu führen, dass das eine oder andere der „fünf Dinge" die korrekte Antwort auf eine Situation ist. Es ist nicht verkehrt, aus akademischem Interesse die Techniken als eine riesige Liste zu lernen, allerdings hilft Ihnen das in der Praxis nicht weiter. Stattdessen formulieren wir ein einfaches Ziel, das Sie erreichen müssen, in welcher Situation auch immer Sie sich befinden:

Kontrolliere die Waffe, brich den Gegner.

Was nichts anderes heißt, als die Kontrolle über den Dolch zu erlangen (oder zu behalten, wenn Sie angreifen) und den Gegner in der zur jeweiligen Situation passenden Weise zu brechen. Mit oder gegen einen Dolch zu kämpfen, ist so oder so politisch inkorrekt, sodass ich aus Gründen der Übersichtlichkeit davon ausgehe, dass „Mann" oder „Gegner" für „Person gleich welchen Geschlechts, der Sie sich in einem Kampf gegenüber sehen" stehen kann.

Es könnte Ihnen schwer fallen, den Fluss der Bewegungen aus statischen Bildern abzulesen, weshalb ich ein Wiki mit dem Inhalt des Trainingsplans meiner Schule erstellt habe, in dem die Drills und Aktionen aus diesem Buch zu finden sind (oder zu finden sein werden). Diese Videos sind kostenlos verfügbar, jedoch kann ich nicht garantieren, dass sie vollständig sein werden, wenn dieses Buch erscheint. Werfen Sie einfach einen Blick darauf, um die verfügbaren Demonstrationen zu sehen:

http://www.swordschool.com/wiki/index.php/Fiore_basic_syllabus

Moderne Selbstverteidigung

An dieser Stelle sollte erwähnt werden, dass viele von Fiores Techniken wohl recht gut gegen einen Angreifer mit einem modernen Messer funktionieren würden, jedoch sollte dieses Buch nicht mit einer Anleitung zur modernen Selbstverteidigung verwechselt werden. Dafür gibt es mehrere Gründe: Zum einen bin ich nicht im geringsten an „Straßenselbstverteidigung" interessiert, denn dabei geht es größtenteils darum, Ärger zu vermeiden, Deeskalationstechniken zu erlernen, die Aufmerksamkeit zu schulen und wenn man tatsächlich angegriffen wird, vielleicht ein bis zwei Lösungen für das Problem zu kennen. Das finde ich vom technischen Standpunkt langweilig. (Ich finde, dass der ideale Kampf als Duell zwischen zwei gleich gut trainierten und ausgerüsteten Experten ausgefochten wird, denn dann kommen die wirklich interessanten Aspekte der Kunst zum Tragen.) Dazu kommt noch, dass ich in einer der sichersten Ecken unseres Planeten lebe, sodass das Lernen von Selbstverteidigung im modernen Sinne eine Zeitverschwendung wäre (einer von vielen guten Gründen, hier zu leben!).

Sich mit diesem Thema auseinanderzusetzen, führt außerdem in einen rechtlich-moralischen Dschungel. Fragen wie „Was genau stellt eine Bedrohung dar?" „Welcher Grad an aufgewendeter Kraft ist angemessen?" und

„Soll ich warten, bis die Polizei kommt oder das Messer in den nächsten See werfen und das Weite suchen?" wollen beantwortet werden und ganz ehrlich muss ich zugeben, diese Antworten nicht zu kennen. In der mittelalterlichen Kampfkunst ist die Sache klar geregelt: Wenn jemand versucht, Sie mit einem Dolch zu erstechen, entwaffnen, verstümmeln oder töten Sie ihn nach Belieben, denn Sie sind im Besitz eines Buches und damit ganz klar gebildet, reich und somit aus einer höheren sozialen Schicht. Das sollte Sie vor dem meisten Ärger bewahren.

Ich selbst habe keinerlei Erfahrung mit echter Selbstverteidigung. Einmal wurde ich von einer Gruppe Jugendlicher in St. Petersburg überfallen, jedoch waren diese unbewaffnet, taten mir letztlich nichts zuleide und gingen leer aus. Das ist nicht annähernd genug Erfahrung, um mich einen Experten in Sachen Selbstverteidigung nennen zu können und ich habe auch nicht das Bedürfnis, daran etwas zu ändern.

Dennoch habe ich über die Jahre einige Schüler gehabt, die mir erzählten, wie sie dank ihres Trainings einer brenzligen Situation entkommen konnten. Nicht zuletzt auch dadurch, dass sie fit genug waren, um schnell genug wegrennen zu können.

Konventionen dieses Buches

Die Drills, die Sie in diesem Buch finden, werden in mehreren Schritten detailliert aufgezeigt. In der Praxis kann dies dazu führen, dass Sie die Techniken stockend und abgehackt umsetzen. Folglich sollten Sie, sobald Sie die einzelnen Schritte kennen, versuchen, diese flüssig durchzuführen. Wenn Sie das richtig machen, werden alle einzelnen Bestandteile zu einem nahtlosen, geschmeidigen und schnellen Ganzen. Jeder Drill beginnt mit einem Angriff und einer Verteidigung. Ich habe die Anweisungen so geschrieben, dass der ursprüngliche Verteidiger immer als „Sie" und der ursprüngliche Angreifer immer als „er" bezeichnet wird. Wenn wir nun einen Schritt weiter gehen und der Angreifer die Verteidigung kontert, dann bleibt es weiterhin dabei, dass der nun konternde Angreifer „er" genannt wird. Dies führt dazu, dass Anweisungen wie

◆ „Der Verteidiger blockt den Angriff mit der Kante seines linken Handgelenks, tritt mit dem linken Fuß leicht nach links und greift den Ellenbogen des Angreifers von unten mit der rechten Hand. Der Angreifer zieht seinen Arm zurück, der Verteidiger folgt mit seinem rechten Fuß, drückt den Ellenbogen des Angreifers, hält das rechte Handgelenk des Angreifers mit seiner linken Armbeuge und fixiert den rechten Ellenbogen des Angreifers mit seiner linken Hand."

zu

◆ „Blocken Sie den Angriff mit der Kante Ihres linken Handgelenks, gehen Sie mit Ihrem linken Fuß leicht nach links und greifen Sie mit Ihrer Rechten von unten nach dem Ellenbogen des Angreifers. Der Angreifer zieht seinen Arm zurück. Folgen Sie ihm mit Ihrem rechten Fuß, drücken Sie gegen seinen Ellenbogen und schließen Sie sein Handgelenk mit Ihrer linken Armbeuge ein. Legen Sie Ihre linke Hand auf seinen rechten Ellenbogen, um diesen zu fixieren."

werden. Ich hoffe, dass dies leichter zu verstehen ist als die erste Sequenz, und dass die Anweisungen noch verständlicher werden, wenn sie in Abschnitte gegliedert werden:

1. Blocken Sie den Angriff mit der Kante Ihres linken Handgelenks, gehen Sie mit Ihrem linken Fuß leicht nach links

2. und greifen Sie mit Ihrer Rechten von unten nach dem Ellenbogen des Angreifers.

3. Der Angreifer zieht seinen Arm zurück, folgen Sie ihm mit Ihrem rechten Fuß, drücken Sie gegen seinen Ellenbogen und schließen Sie sein Handgelenk mit Ihrer linken Armbeuge ein.

4. Legen Sie Ihre linke Hand auf seinen rechten Ellenbogen, um diesen zu fixieren.

Jede dieser Sequenzen wird zusätzlich mit Fotografien der einzelnen Schritte verdeutlicht.

Es ist meine Absicht, dass ein interessierter Leser, ausgestattet mit Maske, Dolch und einem ebenso interessierten Partner, alleine mit diesem Buch eine gute Vorstellung des Systems erhält. Lesen Sie zuerst das gesamte Buch durch und arbeiten Sie sich dann langsam und aufmerksam durch die einzelnen Kapitel. Ich empfehle Ihnen, sich diese jeweils erst zu verinnerlichen, bevor Sie dann mit dem nächsten fortfahren. Viele Prinzipien, die in den ersten Kapiteln eingehend betrachtet werden, sind grundlegend für die später beschriebenen Techniken, werden dort aber nicht noch einmal erläutert.

Wenn Sie also irgendwann auf Probleme stoßen, finden Sie die Lösung dazu wahrscheinlich entweder weiter vorne im Buch oder im Wiki.

Erstes Kapitel

GRUNDLEGENDE PRINZIPIEN

Erinnern Sie sich an unser Ziel: *Kontrolliere die Waffe, brich den Gegner.*

Um herauszufinden, woran es liegt, wenn es Ihnen nicht gelingt, die Waffe zu kontrollieren oder ihren Gegner zu brechen, ist es sehr hilfreich, einige grundlegende Prinzipien zu betrachten. Die vier Schlüsselelemente jeder Aktion sind

- Zeit
- Reichweite
- Struktur
- Fluss

Zeit

Jede Aktion hat einen Anfang und ein Ende – wir messen sie anhand der Zeit, die wir für sie benötigen. Jeder Konter gegen diese Aktion muss zum für ihn richtigen Zeitpunkt erfolgen. Zum Beispiel: mein Gegner versucht, mich zu erdolchen. Wenn ich meinen Block durchführe, bevor er zum Stich ansetzt, so wird meine Technik scheitern. Blocke ich, nachdem er mich bereits getroffen hat, ist das Ergebnis ebenfalls nicht zu meinem Besten. Aber wenn ich blocke, während er angreift, dann kann ich vielleicht erfolgreich sein. Theoretisch könnten wir seinen Angriff nun in unendlich viele zu betrachtende Abschnitte aufteilen, aber in der Praxis reichen die folgenden aus:

1. Bevor er beginnt, um seine Aktion zu verhindern
2. Während er seine Ausgangsposition verlässt

3. Sobald er den halben Weg zurückgelegt hat

4. Im Moment, kurz bevor er sein Ziel erreicht

5. Während er am Ziel vorbei geht (was voraussetzt, dass Sie dem Angriff ausgewichen sind)

Der angemessene Zeitabschnitt, um einen Angriff zu parieren, ist entweder der 3. oder der 4. Ein Konterangriff sollte zum 2. erfolgen. Wollen Sie die Initiative ergreifen und Ihren Gegner angreifen, so machen Sie dies während des 1. Zeitabschnitts. Seinem Angriff ausweichen können sie zwischen dem 2. und 4. und zurückschlagen während des 4. oder 5. (je nachdem, ob Sie während des 3. oder 4. pariert haben).

Fiores Kunst nutzt hauptsächlich den dritten Zeitraum – mit einer stabilen Parade, gegen einen bereits nahenden Angriff, aber noch lange, bevor er trifft.

Zeit gibt ebenso an, wann eine Aktion beginnt. Wichtig ist dabei, was sich zuerst bewegt. George Silver war, so weit es uns heute bekannt ist, der erste, der sich zu diesem Thema äußerte. In seinen *Paradoxes of Defence* von 1599 beschreibt er die folgenden Zeiten:

* die Zeit der Hand
* die Zeit der Hand und des Körpers
* die Zeit der Hand, des Körpers und des Fußes
* die Zeit der Hand, des Körpers und der Füße

Das heißt, dass die Hand (oder auch der Dolch) sich stets zuerst bewegen sollte. Abhängig vom Abstand müssen Sie auch Ihren Körper und Ihren Fuß bzw. Ihre Füße bewegen. Wenn dem so ist, dann bewegt sich zuerst die Hand, dann der Körper und zuletzt die Füße.

Reichweite

Alle Aktionen in Kampfkünsten haben ihre Reichweite – der Abstand, in dem sie funktionieren sollen. Unglücklicherweise äußert sich Fiore zu diesem Thema nicht, doch können wir als Faustregel festlegen, dass die anhand dessen bestimmt wird, was die Füße tun müssen, damit Sie Ihr Ziel erreichen. Wenn Sie sich Ihrem Gegner nähern, sind Sie entweder

◆ außer Reichweite

◆ in der weiten Distanz, in der Sie Ihr Ziel dann treffen können, wenn Sie den längst möglichen Angriff verwenden und dabei einen einzigen Schritt durchführen; mit dem Dolch handelt es sich dabei um einen einfachen Schritt nach vorne

◆ in der nahen Distanz, in der Sie angreifen können, ohne einen Schritt machen zu müssen

Zu jedem Zeitpunkt ist Ihr Gegner auch in der einen oder anderen dieser Distanzen. Je nach Winkel des Angriffs und der individuellen Reichweite kann es auch sein, dass Sie und Ihr Gegner sich in unterschiedlichen Distanzen befinden, Sie also in der weiten Distanz zu Ihrem Gegner stehen, aber für diesen außer Reichweite sind.

Idealerweise stehen Sie also in einer Position, aus der Sie Ihren Gegner ohne einen Schritt angreifen können, dieser Sie aber nur mit einem Schritt erreichen kann.

Wenn Sie einen Moment darüber nachdenken, so wird deutlich, dass Sie, wenn Sie mit einem Schritt angreifen, eine Menge Arbeit in Kauf nehmen, um von der weiten in die nahe Distanz zu kommen, während Sie Ihrem Gegner diese ersparen. Der erste Schritt eines Kampfes ist folglich ein sehr gefährlicher Moment und das nicht zuletzt, weil Sie nur einen Fuß auf dem Boden haben, Ihr Gegner jedoch auf beiden steht. „Auf einem Bein steht man schlecht" ist eine Tatsache, die uns zum Thema Struktur führt.

Struktur

Gute Struktur ist die Grundlage jeglicher Fertigkeit in der Kampfkunst und auch das Geheimnis hinter scheinbar magischem Können. Kurz gesagt ist Struktur nichts anderes als sicherzustellen, dass für ihr Vorhaben jeder Knochen Ihres Körpers (Sie haben über 200 davon) an genau der richtigen Stelle und jeder Muskel (wovon Sie mehr als 600 haben) zum genau richtigen Grad angespannt ist. Dies braucht natürlich etwas Übung, aber gerade die ersten groben Verbesserungen sind recht leicht und mit wenig Aufwand erreichbar, indem Sie unnötige Verspannungen lockern, die in Ihren Bewegungen auftreten. Übungen dazu können Sie weiter hinten im Buch finden.

Wie auch immer Ihre Struktur aussieht, sie wird ihre Stärken und Schwächen in bestimmten Richtungen aufweisen. Die Kunst besteht darin, dass Sie von einer starken Position, die Ihre Bewegungen in keiner Weise einschränkt, durch eine Reihe von weiteren stabilen Positionen zu Ihrer Endposition gelangen, ohne dabei unnötige Spannungen aufzubauen. Dadurch gewährleisten Sie, dass jegliche Arbeit, die Ihre Muskeln verrichten, für die Bewegung aufgewendet wird. Diese führen Sie dann gegen die Struktur Ihres Gegners aus, wobei Sie das Gefüge von Stärke und Schwäche in Ihrer und seiner Position ausnutzen.

Betrachten wir ein einfaches Beispiel: Stellen Sie sich mit gespreizten Beinen hin, sodass Ihre Füße in Ihre Blickrichtung weisen. Lassen Sie einen Freund leichten Druck von der Seite auf eine Ihrer Schultern ausüben. Es sollte Ihnen leicht fallen, diesen Druck durch den entgegengesetzten Fuß in den Boden umzuleiten. Nun wird Ihr Freund denselben leichten Druck gegen die Mitte Ihrer Brust richten, also genau senkrecht zu der Linie, die Ihre Füße verbindet. Da Sie kein Bein haben, das diese Richtung stützt, werden Sie entweder fallen oder einen Schritt machen müssen, um stehen zu bleiben. Mit anderen Worten: Sie müssen eine Struktur herstellen, die dem Druck standhalten kann.

Guy drückt sanft gegen Jukkas Schulter; er hat keine Schwierigkeiten standzuhalten.

Guy drückt sanft gegen Jukkas Brust; er kann dem Druck nicht standhalten.

Menschen sind Zweibeiner. Jeder Fotograf wird Ihnen bestätigen, dass Zweibeine äußerst instabil sind und man deshalb Kameras auf dreibeinigen Stativen aufstellt. Stellen Sie sich Ihren Gegner als ein Stativ vor. Wo stünde sein drittes Bein? Jeglicher Druck in Richtung dieses imaginären Beines wird sehr viel effektiver sein als Druck in Richtung eines seiner echten Beine, wenn Sie ihn destabilisieren wollen. Wir nennen diese Richtung die „Linie der Schwäche" und den Punkt, an dem das dritte Bein sein müsste, den „Dreieckspunkt." Natürlich kann dieser Punkt vor oder hinter dem Gegner sein. Diese beiden Punkte zu verbinden, ist eine weitere Möglichkeit, die Linie der Schwäche zu finden. Während Sie sich bewegen, sollten Sie sich im Klaren über Ihre starken und schwachen Linien sein und natürlich, wenn Sie Ihren Gegner angreifen, idealerweise von Ihrer starken Linie aus seine schwache attackieren.

Es ist wichtig, dass Sie diese Idee verinnerlichen. Jede Position hat ihre ideale Struktur, auf die Sie hinarbeiten, und Sie und Ihr Gegner haben jeweils Linien der Schwäche und der Stärke, die Sie für Ihre Aktionen ausnutzen müssen. Generell, wann immer es möglich ist, sollten Sie Ihre Stärke gegen seine Schwäche richten, und wenn seine Linie stärker ist, Ihre Struktur an die Situation anpassen.

Eines der Kennzeichen einer guten Struktur in einer Position ist, dass sie erlaubt, die Techniken, die von ihr ausgehen sollen, flüssig durchzuführen. Struktur und Fluss sind meiner Meinung nach die fundamentalen Bestandteile des Grundlagentrainings.

Fluss

Hierbei handelt es sich um den Aspekt der Kampfkunst, den man am schlechtesten in einem Buch beschreiben kann. Er umfasst die Generierung von Energie und Geschwindigkeit und wird als Bewegungsfreiheit empfunden. Gute Technik sollte ohne Anstrengung von den und durch die einzelnen, perfekt strukturierten Positionen fließen. Wenn Ihre Aktionen nicht flüssig sind, dann sollten Sie an Ihrer Struktur arbeiten. Wenn Ihre Struktur falsch ist, sind Sie wahrscheinlich falsch in die Position gelangt; Ihr Fluss war nicht korrekt. Wie oben bereits erklärt, ist Ihre Position eine Kombination aus der Anordnung Ihrer Knochen und der Anspannung Ihrer Muskeln. Wie Sie eine Position erreichen, bestimmt, wie angespannt Ihre Muskeln sein werden und damit teilweise auch, was Sie von dort aus anstellen können. Normalerweise wird eine starke, saubere Bewegung eine praktischere Endstruktur erschaffen als eine ungeschickte und zähe.

Jede Verteidigung, die Sie ausführen, werden Sie gegen einen Gegner durchführen, der sich in irgendeiner Form bewegt. Ihre Verteidigung wird diese Bewegung unterbrechen, doch das alleine kann noch nicht alles sein. Wenn er mit einer fließenden Bewegung Ihre Deckung umgehen kann, dann wird Ihre Technik fehlschlagen. Sie können seinen Fluss unterbrechen, indem Sie gleichzeitig seine Bewegung stoppen und seine Struktur stören.

Um Ihren Gegner zu besiegen, können Sie seine Struktur brechen oder in seinen Fluss eingreifen. Wenn Sie stets erfolgreich Ihre eigene Struktur und Ihren Fluss bewahren, dann können Sie nicht verlieren. Doch bedenken Sie, dass nichts Ihre Struktur so bricht oder den Fluss so stört, wie eine Klinge, die Ihnen in den Kopf gestoßen wird!

Als Grundregel kann man sagen, dass eine gute Bewegung eine gute Struktur zur Folge hat und diese wiederum eine gute Bewegung ermöglicht. Kurz:

Fluss erschafft Struktur, Struktur ermöglicht Fluss.

Zweites Kapitel

GRUNDLAGEN VON FIORE

Im Mittelalter war es normal, ein Buch so zu schreiben, dass man sich die Inhalte leicht einprägen konnte. Fiore ordnet daher seine Anweisungen in abgezählte Gruppen ein: Er nennt uns acht Dinge, die man für das Ringen kennen muss, vier Angriffslinien mit dem Dolch, sieben mit dem Schwert und so weiter. An dieser Stelle werden wir die für das Dolchmaterial wichtigen Gruppen betrachten.

In der Einleitung seines Buches nennt uns Fiore acht Dinge, die wir zum Ringen beherrschen müssen (und davon ist eine Menge ebenso relevant, wenn ein Dolch im Spiel ist). Diese acht Dinge des *Abrazare* (Ringens) sind

1. Stärke
2. Schnelligkeit
3. das Wissen um die Griffe
4. das Wissen, wie man Glieder bricht
5. das Wissen, wie man Gelenke bindet (*Ligadure*)
6. das Wissen, wo man hinschlägt (die „Zentren des Schmerzes")
7. das Wissen, wie man seinen Gegner zu Boden wirft
8. das Wissen, wie man Glieder ausrenkt

Diese acht Dinge auf den Dolch anzuwenden ist leicht: Griffe umfassen hier auch das Halten der Waffe, und Schläge mit dem Dolch müssen nicht auf dieselben Ziele beschränkt sein, wie mit leeren Händen. Ansonsten sind Dolchtechniken zu einem großen Teil Ringen.

Die fünf Dinge die man können muss, wenn man sich gegen einen Dolch verteidigt, sind

1. ihm seinen Dolch nehmen
2. zuschlagen
3. ihm seine Arme brechen

4. Binden und Gegenbinden

5. ihn zu Boden werfen

Wie Sie sehen, sind, wenn man vom Nehmen des Dolches absieht, dies dieselben Dinge, die wir für das *Abrazare* wissen müssen. Es gibt nur einen „Zusatz", der, wenn wir das Entwaffnen als eine Variante des Ausrenkens betrachten, in der ersten Gruppe bereits implizit enthalten ist. Die drei nicht erwähnten sind Stärke, Geschwindigkeit und das Wissen um Griffe. Ich nehme an, dass Stärke und Schnelligkeit universelle Qualitäten sind und dies wohl für Fiore auch bei Griffen der Fall ist. Viele Stücke können den Gegner bewegungsunfähig machen und seinen Arm brechen. Ich unterscheide Brüche und Bindungen anhand ihrer jeweiligen Intention: Nutze ich beide Hände, um dem Arm meines Gegners Schaden zuzufügen, so ist es ein Bruch. Nutze ich nur einen Arm, um ihn zu kontrollieren, während ich den anderen frei behalte, um ihn schlagen zu können, dann nenne ich es Binden (obwohl das Potential, seinen Arm zu brechen, immer noch da ist). Fiore selbst definiert diese Begriffe nicht explizit.

Fiore besteht unnachgiebig darauf, dass wir nicht warten sollen, bis wir getötet werden, sondern stattdessen Folgendes tun:

„Sobald du eine Bedrohung durch sein gefährliches Messer wahrnimmst, geh gegen ihn mit deinen Armen, Händen und Ellenbogen. Mach stets diese fünf Dinge: Nimm seinen Dolch, schlag ihn, brich seine Arme, binde ihn und wirf ihn zu Boden. Keines dieser fünf Stücke kann ohne die anderen sein."

Die vier Tugenden

Fiore nennt uns auf der Seite mit dem Hieb- und Stichdiagramm die vier Tugenden, die ein Schwertkämpfer in sich vereinigen muss. Diese sind:

- *Fortitudo*: Stärke. Diese wird durch einen Elefanten repräsentiert, der einen Turm auf dem Rücken trägt. Stärke ist nicht einfach nur Muskelkraft, sondern, wie das Bild verdeutlicht, das Ergebnis einer perfekten Struktur.
- *Presteza*: Schnelligkeit. Diese wird durch einen Tiger repräsentiert, der einen Pfeil hält. Ich denke, dies stellt den Fluss dar, denn ein Pfeil steht im

Himmel für den Blitz und der Tiger wurde nach dem schnell fließenden Tigris benannt.

◆ *Avvisamento*: Voraussicht. Diese wird durch einen Luchs repräsentiert, der einen Zirkel hält, Symbole guter Sicht und eines genauen Augenmaßes. Damit weist Fiore auf das Abschätzen von Zeit und Distanz hin.

◆ *Ardimento*: Kühnheit, Mut. Diese werden durch einen Löwen repräsentiert, der ein Herz hält und damit die sprichwörtliche Tapferkeit des Löwen symbolisiert.

Das *Pisani-Dossi-MS* verwendet dieselben Symbole, jedoch unterschiedliche Worte: *Forteza*, *Celeritas*, *Audatia* und *Prudentia*. Stärke, Schnelligkeit, Mut und Umsicht. In Gesprächen über die Tugenden versuche ich stets, beide möglichen Bedeutungen zu bedenken, da hierdurch eine gewisse Tiefe in der Bedeutung entsteht und sich die Worte nicht gegenseitig widersprechen.

Drittes Kapitel

MECHANIK UND BEWEGUNG

Fiore nutzt Stellungen (*Poste*), Schritte und Drehungen (*Volte*), um Bewegungen zu definieren. Jede Stellung hat eine gewisse Anzahl offensiver und defensiver Eigenschaften, und jede Aktion kann als ein Wechsel von einer Stellung in eine andere gesehen werden, der durch einen der Schritte oder eine der Drehungen erreicht wird. Dadurch gibt uns Fiore ein wunderbar vollständiges Vokabular zur Beschreibung von Bewegungen, das meines Wissens nach einzigartig für sein Werk ist.

Die vier Stellungen

Fiores Kunst zeigt uns zu Beginn vier Stellungen. Dies sollte wenig überraschend sein, dient doch die Vier oft als Grundbaustein für ein System. Die Vier Winde, die Vier Jahreszeiten, die Vier Himmelsrichtungen, die Vier Evangelien und weitere solche Gruppen sind in unserer Kultur zu finden. Wie Tobler in *In St George's Name* anmerkt, sind Vierergruppen überall. Die vier Stellungen sind

- *Posta Longa:* lange Stellung, beide Arme ausgestreckt, jedoch einen nach vorne und einen nach hinten. (Stellen Sie sich vor: Greife seinen Hals)
- *Posta di Dente di Zenghiaro:* die Stellung des Hauers des Keilers, die Arme sind im Ellenbogen gebeugt, wobei die vordere Hand nach oben weist. (Vorstellung: Brich seinen Kiefer)
- *Posta di Porta di Ferro:* Stellung der eisernen Pforte, beide Arme nach unten. (Vorstellung: Wirf seinen Kopf zu Boden)
- *Posta Frontale:* frontale Stellung, beide Hände nach vorne. (Vorstellung: Daumen in seine Augen)

Posta Longa.

Posta di Dente di Zenghiaro.

Posta di Porta di Ferro.

Posta Frontale.

Für uns sind diese Stellungen am praktischsten, wenn wir sie uns als Wegpunkte in jeder Bewegung vorstellen. Wenn ich Ihnen ins Gesicht stechen will und mein Dolch noch am Gürtel hängt, während meine Hände gerade nach unten weisen, dann wechsle ich von einer Stellung mit den Händen unten (*Porta di Ferro*), über eine, in der ich den Dolch nach oben bringe (*Dente di Zenghiaro*), zu einem Ihnen entgegen gerichteten, ausgestreckten Arm (*Posta Longa*). Sie können sich verteidigen, indem Sie mich angreifen, während ich mich noch in *Porta di Ferro* befinde. Sie können auch vorkommen, während ich mich zu *Dente di Zenghiaro* begebe, oder meine Bewegung zu *Posta Longa* mit einem Block unterbrechen. An jedem späteren Zeitpunkt habe ich Sie bereits getroffen, es sei denn, Sie sind ausgewichen.

Julia steht mit dem Dolch unten, hebt ihn zum Angriff und sticht zu.

Die vier Schritte

Fiore sagt, dass es vier Schritte in dieser Kunst gibt: *Passare*, *Tornare*, *Accrescere* und *Discrescere*. Diese versteht man im allgemeinen als einen Schritt nach vorn (*Passare*) oder hinten (*Tornare*); oder einen Schritt vorwärts (*Accrescere*) oder rückwärts (*Discrescere*), bei dem derselbe Fuß vorne bleibt.

Passare: Juhani geht mit dem linken Fuß nach vorne.

Tornare: Juhani geht mit dem linken Fuß nach hinten.

Accrescere: Juhani geht mit seinem vorderen (rechten) Fuß vor und zieht seinen hinteren (linken) nach, um in derselben Stellung zu enden.

Discrescere: Juhani geht mit seinem hinteren (linken) Fuß nach hinten und folgt mit dem vorderen (rechten), um in derselben Stellung zu enden.

Diese Schritte können in jede Richtung durchgeführt werden, wobei wir normalerweise acht unterscheiden: vorwärts, rückwärts, links, rechts, schräg nach rechts vorn und hinten und schräg nach links vorn und hinten. Vorwärts ist stets die direkte Verbindungslinie zwischen Ihnen und Ihrem Gegner.

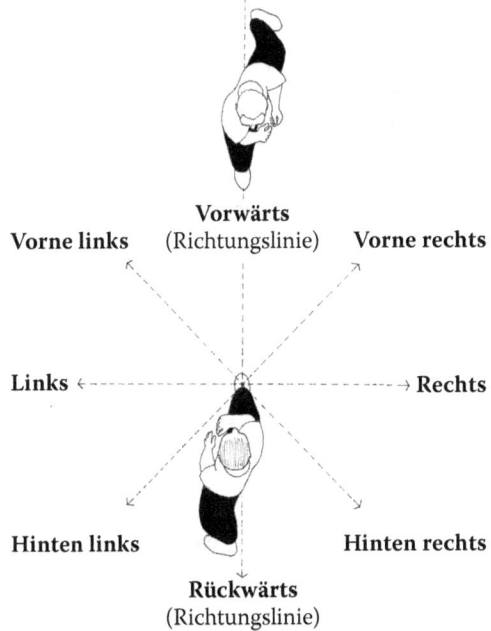

Die drei Drehungen

Fiore beschreibt drei Drehungen: stabil, halb und voll. Von einer stabilen Drehung sprechen wir, wenn beide Füße auf dem Boden stehen bleiben und Sie auf derselben Seite vorn und hinten agieren können, von einer halben Drehung, wenn Sie mit einem Schritt vor oder zurück auf der anderen Seite zu agieren in der Lage sind, und von einer vollen Drehung, wenn ein Fuß auf dem Boden bleibt und der andere um diesen herumwandert.

Wenn Sie die stabile Drehung (*Volta Stabile*) durchführen, so ist es wichtig, dass jeder Teil Ihres Körpers sich in dieselbe Richtung bewegt. Die Drehung ist ungefähr 135° weit und es hilft oft, *Posta Longa* oder *Posta Frontale* zu verwenden, um sich die Richtungen zu verdeutlichen.

Volta Stabile: Juhani beginnt mit dem rechten Fuß vorne und dem Gewicht auf dem vorderen Bein. Er dreht sich auf den Fußballen um ca. 135° nach links und endet mit dem Gewicht auf dem linken Bein.

Die halbe Drehung (*Mezza Volta*) ist in gewisser Weise nichts weiter als ein Schritt vor oder zurück (siehe oben). Fiore gibt an, dass Sie dadurch auf der anderen Seite agieren können, was zu der Annahme führt, dass der Schritt mit einer Hüftdrehung durchgeführt wird. Ich interpretiere seinen Zusatz „vorn und hinten" als eine Angabe für die mögliche Richtung des Schrittes.

Die volle Drehung (*Tutta Volta*) kann verschieden ausgelegt werden. Im Prinzip kann jede Bewegung, egal ist wie weit und in welche Richtung, bei der sich ein Fuß um den anderen bewegt, als *Tutta Volta* beschrieben werden. In der Praxis ist es entweder ein Schritt, um sich selbst an der Linie auszurichten

Mezza Volta: Juhani dreht seine Stellung um ein paar Grad, indem er sich auf seinem vorderen (linken) Fuß dreht und seinen hinteren (rechten) um diesen herumbewegt.

oder sie wird genutzt, um Energie in einer Drehung zu erzeugen, wenn man eine Nahkampftechnik durchführt.

Tutta Volta: Juhani beginnt mit dem linken Fuß vorne und schwingt seinen rechten herum, um sich um volle 180° zu drehen.

Es ist sinnvoll, diese Drehungen einzeln und in verschiedenen Kombinationen einzuüben, um sich an diese Form der Bewegung zu gewöhnen und die Terminologie zu verinnerlichen.

Anfangs werden die meisten Dolchangriffe damit beginnen, dass ein Schritt nach vorne erfolgt und die meisten Verteidigungen damit, dass ein *Discrescere* schräg nach hinten oder ein *Accrescere* zur Seite durchgeführt wird.

Ihre Stärke und seine Schwäche nutzen

Wie bereits in Kapitel 2, Grundlegende Prinzipien, beschrieben, sind Menschen Zweibeiner: Wenn Sie den Gegner destabilisieren wollen, ist jeglicher Druck in Richtung eines imaginären dritten Standbeines viel effektiver, als Druck in Richtung eines seiner tatsächlich vorhandenen Beine. Ebenso sollten Sie sich über Ihre Linien der Stärke und Schwäche bewusst sein, wenn Sie sich bewegen. Natürlich ist es ideal, wenn Ihre Angriffe in Richtung Ihrer Stärke und seiner Schwäche erfolgen. Dies ist der Grund, weshalb die meiste Beinarbeit, die defensiv durchgeführt wird, schräg ist: um Ihre stabile Linie gegen die schwache Linie Ihres Gegners zu richten.

Die Linie der Schwäche finden: Auri ist mit einem Angriff nach vorn gegangen: Guy geht zu ihrer Innenseite, entlang ihrer Linie der Schwäche; er geht entlang derselben Linie hinter sie.

Viertes Kapitel

FREIES FALLEN

Eine entscheidende Fertigkeit, die Sie brauchen werden, um sicher trainieren zu können, im Winter sicher auf gefrorenen Straßen unterwegs zu sein oder wenn Sie es einfach für wahrscheinlich halten, zwischen jetzt und Ihrem Tod hinzufallen, ist zu wissen, wie man auf hartem Boden sicher fällt.

Wenn Ihr Training darauf abzielt, auf gepolstertem Boden zu kämpfen (wie im Judo oder Ringen), dann ist es durchaus sinnvoll, auch auf Matten zu trainieren. Wenn Sie weiterhin so weit sind, trainieren zu können, Ihren Partner mit dem Kopf voran zu Boden zu werfen, sind Matten zu seinem Wohle sehr empfehlenswert. Dennoch habe ich die Techniken, die Sie hier finden werden, allen meinen Schülern auf einem schönen, glatten Betonboden (der luxuriöserweise eben ist und keine Glassplitter enthält) beigebracht. Und dies auch auf einem Niveau, das es erlaubt, den Partner sicher zu Boden zu bringen. Es ist aber von äußerster Wichtigkeit, dass Sie behutsam anfangen und immer die folgende Regel im Kopf behalten:

Keinen Schmerz!

Wenn es weh tut, machen Sie es falsch! Lassen Sie das!

Unsere grundlegende Intention ist es, den Aufschlag zu dämpfen und die Energie durch die Muskeln zu absorbieren. Ihre Knochen sollten niemals den Boden berühren, denn das tut weh! Der Grund, weshalb wir Schmerz vermeiden müssen, ist, dass wenn wir Schmerz mit Fallen verbinden, sich unser Körper anspannt, wenn wir anfangen zu fallen oder schlimmer, dass wir zurückschrecken, wenn wir den Schmerz vorausahnen. Also begrenzen Sie Ihre Fallübungen auf drei bis fünf Minuten je Trainingseinheit, bis Sie so angenehm fallen können, dass Sie kaum noch Übung brauchen.

Sie sollten wissen, dass ich nicht erwarte, Ihr Fallen auf solch eine Stufe zu bringen, auf der Sie aus jeder Bindung einfach herausrollen können oder jede Attacke durch einen Fall zu vermeiden wissen. Dies erfordert ein spezielles Training unter den geschulten Augen eines qualifizierten Lehrers. Was ich Ihnen zu tun anbiete, ist nur, die Fähigkeit zu entwickeln, Ihrem Partner die Möglichkeit zu geben, Sie zu Boden zu werfen, ohne dass Sie sich dabei verletzen. Ebensowenig werde ich darauf eingehen, wie der Kampf weitergeht, nachdem Sie zu Boden gegangen sind, denn in einem mittelalterlichen Kontext ist der Kampf normalerweise vorbei, wenn es so weit gekommen ist. Entweder sterben Sie dann sowieso, oder Sie haben die Runde durch den Fall verloren. Außerdem geht auch Fiore nicht weiter auf den Bodenkampf ein.

Beginnen wir auf dem Boden und arbeiten uns von dort hoch. Diese erste Übung sieht wie eine Bauchmuskelübung aus, ist aber keineswegs eine solche.

Der Seestern

1. Beginnen Sie auf dem Boden, die Beine gespreizt und gerade.
2. Legen Sie Ihre rechte Hand auf oder nah an Ihren linken Fuß.
3. Rollen Sie sanft Ihre linke Seite hinunter,
4. bis Sie flach auf dem Boden liegen (dies ist der Seestern).
5. Dann rollen Sie wieder hoch, auf Ihre rechte Seite, um Ihre linke Hand an Ihren rechten Fuß zu bringen.
6. Rollen Sie wieder zurück, hinunter auf Ihre rechte Seite, zur Seestern-Position.

Wiederholen Sie alles von vorne.

Wichtig:

- Ihre Wirbelsäule darf den Boden nicht berühren; vermeiden Sie jederzeit Knochen-Boden Kontakt.
- Die Bewegung sollte sich wie anmutiges, nicht angestrengtes Rollen anfühlen.
- Wenn Ihre Füße vom Boden hoch kommen, sobald Ihre Schultern den

Boden verlassen, dann geschieht dies, weil Ihre Hüften und Ihr Unterleib zu verkrampft sind: Entspannen Sie sich!

Mikko beginnt mit seiner rechten Hand auf seinem linken Fuß; er rollt auf seiner linken Seite nach hinten zum Seestern und auf seiner rechten Seite wieder hoch und platziert seine linke Hand auf seinem rechten Fuß.

Aufstehen

Schwerkraft wird Sie zu Boden bringen; der knifflige Teil ist es, wieder aufzustehen. Wichtig dabei ist es, Ihre Beine unter Ihre Hüften zu bekommen. Die einfachste mir bekannte Möglichkeit, dies zu erreichen, ist, ein Bein unter sich zu beugen und das andere von oben nach vorne zu werfen, sodass der Schwung des Beines Ihre Hüften über das angezogene Bein nach oben zieht. Wir nennen diese Übung „Rollen und hoch."

1. Beginnen Sie in einer knienden Position, das linke Bein vorne.
2. Rollen Sie auf Ihrer linken Seite nach hinten (wie beim Seestern),
3. schwingen Sie Ihre Beine hoch in die Luft, um Schwung zu holen,
4. ziehen Sie Ihr linkes Bein an Ihren Hintern heran
5. und werfen Sie Ihren rechten Fuß etwa im rechten Winkel zu Ihrem linken Schienbein nach vorne.
6. Wenn Ihr rechter Fuß den Boden berührt, drücken Sie Ihre Hüften über Ihren linken Fuß nach vorne.
7. Von hier könnten Sie leicht aufstehen, doch die Übung selbst geht noch weiter.
8. Rollen Sie auf Ihrer rechten Seite nach hinten,
9. lassen Sie Ihre Füße nach oben schwingen,
10. ziehen Sie Ihren rechten Fuß zu Ihrem Hintern heran,
11. werfen Sie Ihren linken Fuß nach vorne.
12. Wenn er den Boden erreicht, drücken Sie Ihre Hüften über Ihren rechten Fuß nach vorne.

Beginnen Sie wieder von vorne.

  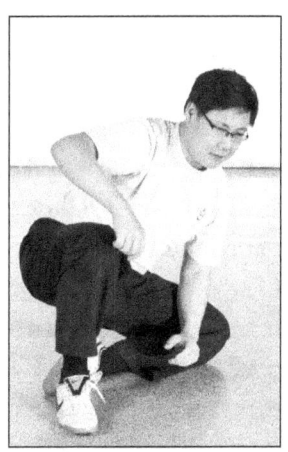

Ken beginnt kniend, rollt nach hinten und kommt wieder hoch.

Seitenansicht.

Zu Boden gehen

Nun, da Sie elegant aufstehen können, betrachten wir, wie Sie sicher nach unten kommen. Wie zuvor beginnen wir nah am Boden. Die meisten Anfänger beginnen diese Übung in einer knienden Position. Kreuzen Sie Ihre Arme über der Brust, sodass Sie diese nicht zum Abfangen des Falls benutzen können (was aus einer stehenden Position zum Bruch Ihrer Handgelenke führen kann) oder Ihre Ellenbogen auf den Boden schlagen (was aus jeder Höhe weh tut). Sie sollten Ihre Hände weder zum Fallen noch zum Aufstehen nutzen, da Sie für eine Kampfkunst zu fallen lernen und Ihre Hände damit beschäftigt sind, ein Schwert zu halten, einen Dolch aus dem Gürtel Ihres Gegners zu ziehen und in seinem Oberschenkel zu versenken oder irgendeine andere praktische Tätigkeit zu verrichten. Was auch immer vor sich geht, Ihre Hände haben besseres zu tun als bei etwas so Trivialem wie dem Fallen zu assistieren. Von der knienden Positionen lassen Sie sich einfach zur Seite fallen. Sie sollten in einer rollenden Bewegung von der Hüfte über den Oberarm zur Schulter kommen, ohne dabei auf dem Boden aufzuprallen. Dann kehren Sie wieder, ohne Ihre Hände zu benutzen, zurück in die Ausgangsposition und wiederholen die Übung in jede Richtung. Mit der Zeit wird diese Übung einfacher.

Ken beginnt in einer sitzenden Position und fällt.

Wenn es Ihnen dann einfach fällt (heute, morgen, in einer Woche oder nächsten Monat), stellen Sie einen Fuß auf und fahren Sie fort.

Ken beginnt mit einem aufgestellten Fuß und fällt.

Wenn dies dann auch Gewohnheit wird, bringen Sie Ihr Gewicht etwas nach oben.

Ken beginnt in einer erhobenen knienden Position und fällt.

Arbeiten Sie sich schließlich zu einer stehenden Position vor.

Ken steht und fällt.

Sie können dabei stets einen Partner bitten, Sie leicht in eine von ihm gewünschte Richtung zu stoßen. Dies macht es für Sie etwas schwerer zu fallen, vor allem wenn Ihr Partner für Sie unbequeme Richtungen wählt.

Nun können Sie also aus dem Stand zu einer liegenden Position wechseln, wann und wo Ihr Partner bestimmt, ohne Ihre Hände zu benutzen oder Schmerz in irgendeiner Weise hervorzurufen. Genau das ist der Sinn von Fallübungen.

Fünftes Kapitel

IST DAS EIN DOLCH, WAS ICH VOR MIR ERBLICKE?

Fiores Kunst ist allumfassend, das heißt sie setzt sich mit allen ritterlichen Waffen seiner Zeit auseinander. Weiterhin wird sie auf nur etwa 90 Seiten äußerst effizient beschrieben. Dies ist zum Teil deswegen möglich, weil Fiore nicht jedes Detail im Einzelnen beleuchtet. Er schuf ein Bild der gesamten Kunst, anstatt über diese zu diskutieren. Weiterhin wiederholt er sich selbst nur sehr wenig. Die meisten Techniken des Ringens funktionieren sehr gut mit und ohne Rüstung, bewaffnet mit Dolch, Schwert, Speer oder Axt. Die meisten Aktionen, die Sie anwenden können, wenn Ihnen mit einem kurzen Objekt ins Gesicht geschlagen wird, sind im umfangreichen Abschnitt zum Dolch zu finden, und wenn Ihr Gegner seine Axt umdreht, um sie als Speer zu verwenden, finden Sie die Konter im Speerteil des Buches. Es ist also nicht im Sinne des Erfinders, die Dolchtechniken aus dem System herauszulösen und als etwas Separates zu behandeln, denn genauso wie es wenig sinnvoll ist, den Motor aus dem Auto zu nehmen, um seine Funktion zu testen, sollte man Einzelteile entfernen tun, um das Training auf bestimmte Fertigkeiten zu konzentrieren.

Heutzutage bezeichnen wir jemanden, der ein Messer mit sich trägt, als bewaffnet. In Fiores Zeit war ein Mann ungerüstet, wenn er ein Schwert und einen Dolch dabei hatte. Gerüstet sein hieß wörtlich, in einer Rüstung für den Kampf zu stecken. Jeder trug irgendeine Art von Klinge, denn das war normal. Deswegen verwundert es nicht, dass viele mittelalterliche Quellen den Dolch als offensives und defensives Werkzeug behandeln sowie aufzeigen, wie man sich mit leeren Händen gegen einen Angreifer mit Dolch verteidigt.

Selbst die Alltagskleidung dieser Zeit bot einen gewissen Schutz. Viele Schichten aus Leinen, Leder und Wolle können sehr schwer zu durchbohren sein, und sie zu durchschneiden ist fast unmöglich. Um dieses Problem zu umgehen, wurde der Runddolch entwickelt, der auf eine scharfe Schneide verzichtet, dafür aber ausgezeichnet stechen kann. Die Gestaltung des Hefts macht es recht schwer, damit zu schneiden, und oft hat die Klinge selbst keine Schneidefläche, sondern nur eine dreieckige, spitz zulaufende Form. Dies (so zeigen moderne Tests) macht Stichangriffe äußerst effizient und, wenn man die Form der Klinge bedenkt, wird es sehr deutlich, dass, selbst wenn eine Schneide vorhanden ist, dies keine Arbeits- oder Essinstrumente waren, sondern Werkzeuge zum Töten.

Sie werden wenigstens einen Runddolch aus Holz oder Stahl zum Training benötigen. Ich empfehle Ihnen, mit Holz zu beginnen, da es angenehmer und sehr viel günstiger ist. Trainingsgeräte aus Stahl können sowohl steif als auch flexibel in der Klinge sein. Letztere sind vielleicht besser, um Ihren Freund damit zu stechen, doch verhalten sich die steifen bei einigen Techniken eher wie die historischen Originale. Gummidolche haben ihre Berechtigung in einigen der schnelleren, mit mehr Kraft durchgeführten Übungen, doch sind sie oft zu biegsam, als dass viele der Entwaffnungstechniken funktionieren würden. Wenn Ihre Finanzen es erlauben, empfehle ich für Ihr Training, die Dolche in der folgenden Reihenfolge zu beschaffen: eine Holzreplik, einen Gummidolch, eine steife Stahlreplik und zuletzt eine flexible Stahlreplik.

Sie werden weiterhin eine Fechtmaske benötigen, um Gesicht und Augen zu schützen. Viele Techniken beinhalten Angriffe zum Gesicht, und das Tragen einer Maske erlaubt Ihrem Partner, mit dem Dolch beim Angriff anzusetzen. Ein Stich mit einem stumpfen Stahldolch würde geradewegs durch eine Fechtmaske gehen, wenn er mit der nötigen Energie durchgeführt wird. Verwechseln Sie also eine Fechtmaske nicht mit ernstzunehmendem Schutz. Für die Bilder in diesem Buch wurde vor der Kamera posiert, weshalb keine Masken notwendig waren – außerdem sehen die Fotografien so auch viel besser aus. Im Training gilt bei uns jedoch die unumstößliche Regel, dass alle Partnerübungen mit dem Dolch nur mit einer Maske durchgeführt werden dürfen. Ihre Augen können Sie schließlich nicht ersetzen.

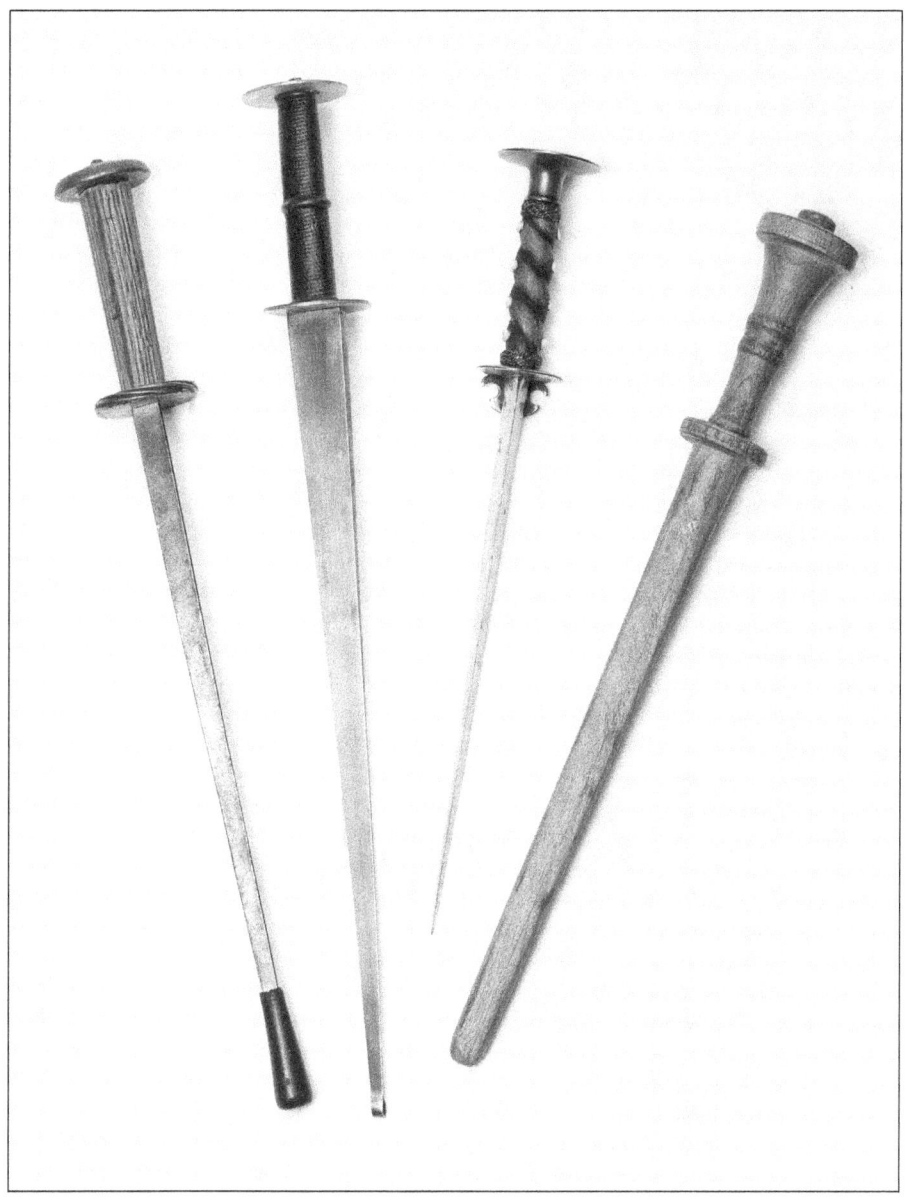

Runddolche aus der Sammlung des Autors. Von links nach rechts: ein Trainingsdolch von Pavel Moc, ein Trainingsdolch von Chase Shaffar-Roggeveen, eine Nachbildung von Lasse Mattila und ein hölzerner Trainingsdolch von Lasse Mattila.

Sechstes Kapitel

GRIFFE, SCHLÄGE UND BRÜCHE

I n diesem System gibt es zwei Arten, den Runddolch zu halten, vier Schlaglinien und zwei Varianten, einen Arm zu brechen. Bevor wir uns daran machen, die Angriffe und Verteidigungen zu betrachten, die Fiores System ausmachen, ist es sinnvoll, die oben genannten Punkte separat zu betrachten.

Den Dolch halten

Sie können den Dolch in beide Richtungen weisend halten: entweder nach oben wie einen Tennisschläger oder nach unten wie einen Eispickel.

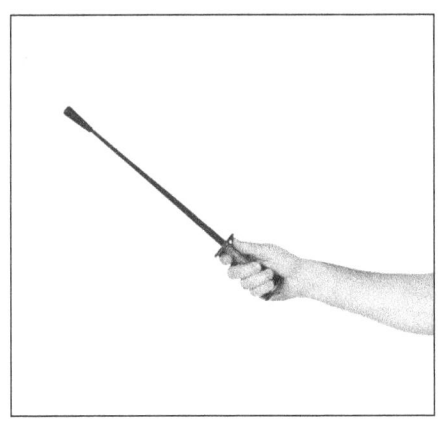
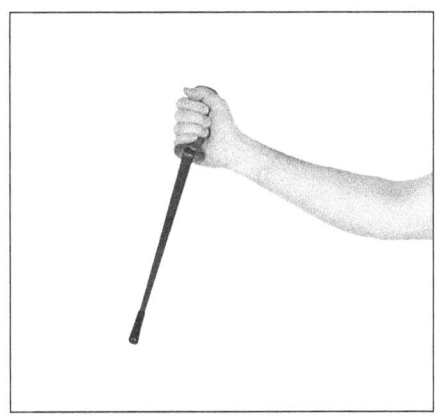

Die Spitze zeigt nach oben.   Die Spitze zeigt nach unten.

Um Ihre Fingerfertigkeit zu schulen, können Sie den Wechsel zwischen beiden Griffen wie folgt üben.

Fingerfertigkeitsübung

1. Halten Sie den Dolch mit der Spitze nach unten.
2. Greifen Sie mit Mittel-, Ring- und kleinem Finger um den Griff herum.
3. Schnippen Sie die Spitze hoch und legen Sie Ihren Zeigefinger über den Griff. Der Dolch weist nun mit der Spitze nach oben.
4. Legen Sie Ihren Zeigefinger über die Scheibe.
5. Schnippen Sie die Spitze nach unten und bringen Sie Ihren Daumen herum, um den Griff zu fangen.
6. Packen Sie den Dolch mit Ihren Fingern. Er weist nun wieder mit der Spitze nach unten.

Beginnen Sie von vorn.

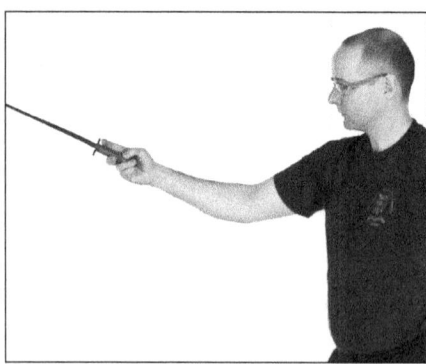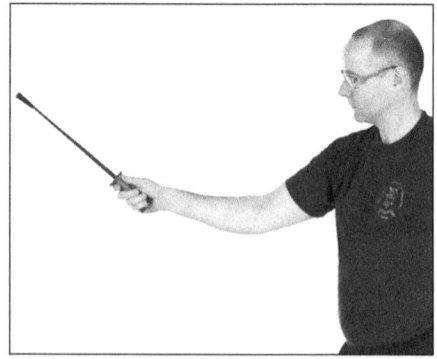

Guy beginnt mit der Spitze nach unten; er rutscht mit den Fingern um den Griff, legt seinen Zeigefinger darüber und endet mit der Spitze nach oben.

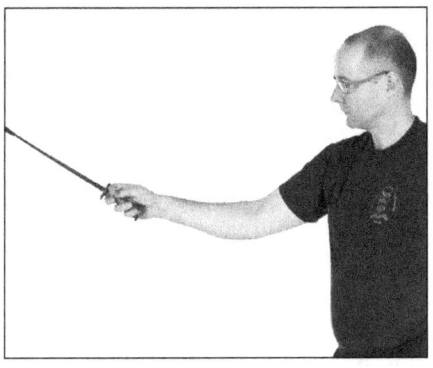 

Von dort legt er seinen Zeigefinger über die Scheibe und schnippt die Spitze nach unten; er legt zuerst seinen Daumen und dann seine Finger um den Griff und endet wieder mit der Spitze nach unten.

Wie sollen wir nun laut Fiore den Dolch verwenden? Er beginnt damit, uns fünf Varianten derselben Stellung zu zeigen – *Porta di Ferro*, das eiserne Tor. Diese kann einzeln oder doppelt, voll oder mittig und gekreuzt (oder ungekreuzt) sein.

1. Ohne Dolch: einzelnes volles eisernes Tor
2. Ohne Dolch, die rechte Hand hält das linke Handgelenk: doppeltes volles eisernes Tor
3. Der Dolch wird in der rechten Hand im Eispickelgriff gehalten; die Arme sind gekreuzt und die Linke hält die Klinge: doppeltes gekreuztes mittleres eisernes Tor
4. Der Dolch wird in der rechten Hand im Tennisschlägergriff gehalten; die Linke hält die Klinge: doppeltes mittleres eisernes Tor

5. Ohne Dolch, die Arme gekreuzt: doppeltes volles eisernes Tor
Es ist also ersichtlich, dass jede Stellung doppelt genannt wird, bei der die Arme zusammengeführt sind, ob gekreuzt, einen Dolch an beiden Enden haltend oder wenn die eine Hand das andere Handgelenk greift. Sind die Arme doppelt, gekreuzt und durch einen Dolch verbunden, dann ist die Stellung doppelt und gekreuzt. Zusammen mit der Tatsache, dass es vier unbewaffnete Stellungen gibt (lang, frontal, Zahn des Keilers und eisernes Tor), ist ersichtlich, dass diese fünf Arten den Dolch zu halten ein Multiplikator sind, der auf die vier ursprünglichen Stellungen angewendet werden kann und uns gestattet, die nötigen Positionen zu finden, wenn wir die einzelnen Stücke ausführen.

Auri im einzelnen, vollen eisernen Tor. Auri im doppelten eisernen Tor.

Auri im doppelten, gekreuzten eisernen Tor.

Auri im doppelten, mittleren eisernen Tor.

Auri im doppelten, vollen eisernen Tor.

Angriffslinien

Es gibt nicht einen einzigen Hieb oder Schnitt in den 76 Stücken, die Fiore uns zeigt. Er nennt seine Angriffe *Colpi*, zu Deutsch „Schläge", und zeigt uns vier Angriffslinien.

- *Fendente*: gerade hinunter, vom Kopf bis zu den Ellenbogen
- *Mandritto*: Vorhand zur Schläfe und bis zum Ellenbogen
- *Roverso*: Rückhand zur Schläfe und bis zum Ellenbogen
- *Sottano*: die Mitte hoch, nicht höher als die Brust

Mikko zeigt die Schlagposition für *Fendente*, *Mandritto*, *Roverso* und *Sottano*.

Achtung! Die mittlere Linie wird normalerweise *Sottano*, „tief," von uns genannt, doch Fiore selbst nennt keinen formalen Namen dafür. Er sagt, die *Roverso*-Schläge (und implizit auch die *Mandritti*) werden *Mezani* („mittel") genannt. Außerdem gibt Fiore an, dass die Vorhand sowie die tiefen Schläge sicherer sind als die Rückhand, da man bei letzterer die linke Hand nicht nutzen kann, um sich beim Angriff zu decken.

Sie sollten diese Schläge alleine gegen die Luft einüben und auch gegen ein Angriffsziel wie einen Sandsack. Gehen Sie diese in der Reihenfolge durch (z. B. 10 *Fendenti*, 10 *Mandritti* usw.) und arbeiten Sie sich dann zu Kombinationen wie *Mandritto*, *Roverso*, *Mandritto* vor. Lassen Sie Ihrer Fantasie freien Lauf.

Verrenkungen und Überdehnungen

Wir werden eine Menge Bindungen und Brüche in unseren Dolchstücken behandeln, weshalb es sinnvoll ist, die grundlegenden Möglichkeiten zu betrachten, einen Arm zu binden oder zu brechen. In der Regel liegt der Fokus dabei auf dem Ellenbogen. Wenn sein Arm gerade ist, dann machen wir ihn *zu* gerade, indem wir Druck auf sein Handgelenk und seinen Ellenbogen in entgegengesetzte Richtungen ausüben. Dies ist eine Überdehnung (auch: Überstreckung). An sich kann man sie in jede Richtung ausführen, doch wir werden normalerweise den Ellenbogen hochdrücken, wenn wir den Arm über unserer Schulter brechen, oder nach unten, wenn er etwa auf Hüfthöhe ist.

Indem er auf den Ellenbogen herunterdrückt und das Handgelenk hochzieht, versetzt Guy Mikkos Arm in eine Überdehnung.

Mit Mikkos Ellenbogen auf seiner Schulter erreicht Guy die Überdehnung, indem er das Handgelenk nach unten zieht.

Ist der Ellenbogen angewinkelt, drehen wir ihn relativ zur Schulter in die andere Richtung. Dabei nutzen wir den Unterarm als Hebel und den Oberarm als Drehachse, um die Schulter auszurenken.

Guy zieht an Mikkos Ellenbogen und drückt gegen sein Handgelenk, um den Arm auszurenken.

Guy drückt gegen Mikkos Ellenbogen und zieht an seinem Handgelenk, um den Arm auszurenken.

In beiden Fällen brauchen wir einen Hebel (den Unterarm), einen Angelpunkt (den Ellenbogen) und die richtige Richtung, um Kraft aufzuwenden, die immer weg von seiner Hüfte, zu seinem imaginären dritten Bein (dem Dreieckspunkt) geht.

Siebtes Kapitel

DIE NEUN MEISTER:
KONTROLLIERE DIE WAFFE

Fiore ordnet seine Techniken der vorangehenden defensiven Aktion unter, die mithilfe eines gekrönten Meisters dargestellt wird. Diese fungieren als Kapitelüberschriften, und damit man es sich leichter einprägen kann, hat Fiore diese Kapitel beim Dolch auf neun begrenzt. Diese Meister führen die jeweils folgende Aktion durch:

- *Erster Meister*: Verteidigt sich mit der linken Hand gegen einen Vorhandangriff von oben.
- *Zweiter Meister*: Trägt eine Rüstung und verteidigt sich mit gekreuzten Armen gegen einen Vorhandangriff von oben.
- *Dritter Meister*: Verteidigt sich mit der rechten Hand gegen einen Rückhandangriff von oben.
- *Vierter Meister*: Verteidigt sich mit beiden Händen gegen einen Angriff von oben.
- *Fünfter Meister*: Verteidigt sich gegen einen Griff am Kragen und die Bedrohung durch einen erhobenen Dolch, indem er entweder den Griff bricht oder mit der passenden Hand gegen den Dolch vorgeht.
- *Sechster Meister*: Verteidigt sich mithilfe eines an beiden Enden gehaltenen Dolchs gegen einen Angriff von oben.
- *Siebter Meister*: Trägt eine Rüstung und verteidigt sich mit gekreuzten Armen und einem an beiden Enden gehaltenen Dolch gegen einen Angriff von oben.
- *Achter Meister*: Verteidigt sich entweder mit einem an beiden Enden gehaltenen Dolch, das eigene linke Handgelenk haltend, oder mit gekreuzten Armen gegen einen tiefen Angriff.

◈ *Neunter Meister*: Verteidigt sich mit beiden Händen gegen einen tiefen Angriff.

Gegen Auris *Fendente* verwendet Guy den Block des ersten Meisters.

Gegen Auris *Fendente* verwendet Guy den Block des zweiten Meisters.

Gegen Auris *Roverso* verwendet Guy den Block des dritten Meisters.

Gegen Auris *Fendente* verwendet Guy den Block des vierten Meisters.

Gegen Auris Griff verwendet Guy die Verteidigung des fünften Meisters.

Gegen Auris *Fendente* verwendet Guy einen Dolch, um den Block des sechsten Meisters durchzuführen.

Gegen Auris *Fendente* verwendet Guy einen Dolch, um den Block des siebten Meisters durchzuführen.

Gegen Auris *Sottano* verwendet Guy einen Dolch, um den Block des achten Meisters durchzuführen.

Gegen Auris *Sottano* verwendet Guy einen doppelten Griff, um den Block des achten Meisters durchzuführen.

Gegen Auris *Sottano* verwendet Guy gekreuzte Arme, um den Block des achten Meisters durchzuführen.

Gegen Auris *Sottano* verwendet Guy den Block des neunten Meisters.

Achtes Kapitel

DAS SYSTEM IN KÜRZE

Die wahrscheinlich bemerkenswerteste Besonderheit in Fiores Werk ist seine Fähigkeit, kurze, leicht einprägsame Teilsysteme zu erschaffen, die sich aus den Grundprinzipien der einzelnen Waffen zusammensetzen. Als Beispiel dazu werden wir nun die ersten zwei Seiten der Dolchstücke betrachten. Das obere linke Bild zeigt den Meister, der eine Entwaffnung durchführt. Das nächste Stück ist der Konter gegen diese Technik. Das dritte Stück stellt eine Bindung/Klemme dar, das vierte den dazugehörigen Konter. Das fünfte illustriert einen Bruch, das sechste wiederum den entsprechenden Konter. Das siebte Stück zeigt einen Wurf und das achte eine Alternative zur Verteidigung des Meisters.

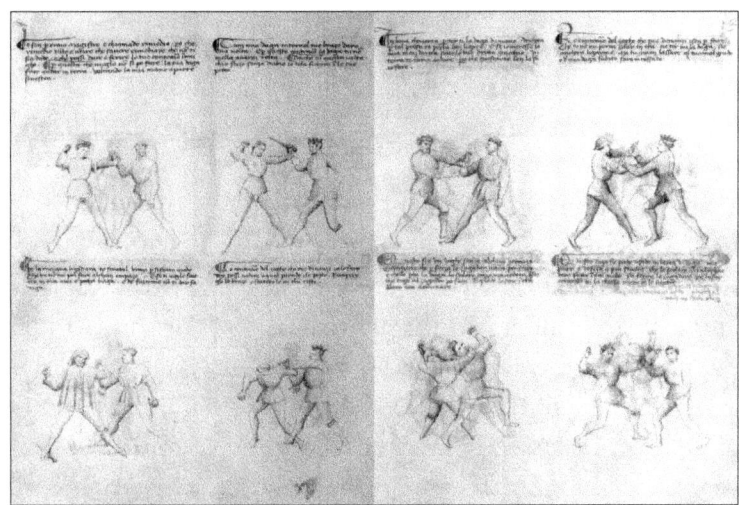

Getty MS. 10v/11r. Links: 1. Verteidigung des Meisters, Entwaffnung; 2. Konter zur Entwaffnung; 3. Bindung; 4. Konter zur Bindung; rechts: 5. Bruch; 6. Konter zum Bruch; 7. Wurf; 8. alternative Verteidigung des Meisters.

Von meinen Schülern erwarte ich mehr als alles andere, diese acht Stücke in der richtigen Reihenfolge zu lernen, denn sie bilden eine ausgezeichnete Grundlage für zusätzliches Material. Bevor wir mit diesen Stücken in Form von Partnerübungen beginnen, sollten wir uns ansehen, wie wir in eine Situation kommen, in der sie angewendet werden können.

Wie Sie zum Stück gelangen

Wenn wir das Bild zu einem Stück in *Fior di Battaglia* betrachten, dann sollten wir uns zuerst fragen, wie wir dorthin gelangt sind. Ein Stück kann eine sehr konkrete Reaktion auf eine bestimmte Situation sein, die im Text beschrieben wird („Warte auf den Angriff und mach dann X, Y und Z") oder, was viel häufiger vorkommt, keinen expliziten Anfangspunkt hat. Ich nutze die folgenden drei Möglichkeiten als Basis:

1. Choreographisch: Stellen Sie und Ihr Partner sich einfach kooperativ in die vom Bild angegebene Position und machen Sie das Stück von dort aus. Dies ist eine vollkommen künstliche (oder: unrealistische) Herangehensweise.
2. Der Angreifer beginnt: Bestimmen Sie, wer angreift. Der Verteidiger wartet auf den Angriff und führt dann die Verteidigung und das passende Stück durch. Dies ist normalerweise die einfachste, halbwegs realistische Methode, die Stücke durchzuführen.
3. Der Verteidiger beginnt: Der Verteidiger provoziert den Angriff, um auf diese Weise ins Stück zu gelangen.

Im Kontext der Techniken haben wir nun drei Möglichkeiten, diese durchzuführen. Sie können den Aufbau so gestalten, dass eine Person (A) den Dolch in die Hand nimmt, die andere (V) As rechtes Handgelenk mit der linken Hand greift und dann die jeweiligen Techniken durchführen. Oder V wartet, A greift in der vorgegebenen Linie an und V blockt mit der linken Hand, von wo aus Sie dann mit dem entsprechenden Stück weitermachen. Zuletzt kann V auch Fiores Anweisung folgen („Sobald du eine Bedrohung durch sein gefährliches Messer verspürst, geh mit deinen Armen, Händen und Ellenbogen gegen ihn vor") und gegen A, der mit seinem Dolch vor ihm steht, vorgehen, um seinen Dolch unter Kontrolle zu bringen oder A auf eine andere Art angreifen (wir nutzen dafür meist die unbewaffnete *Posta Frontale*, da Fiore sagt sie „erlangt die Griffe"). A umgeht dies, indem er V mit dem Dolch angreift, wogegen sich V mit der linken Hand verteidigt, und von dort aus können Sie dann in die einzelnen Stücke gelangen.

Wenn Sie ein wenig mit diesen Möglichkeiten herumprobieren, werden Sie feststellen, dass einige Stücke besser funktionieren, wenn man sie als einfache Verteidigungen verwendet und andere natürlicher sind, wenn der „Verteidiger" den Kampf einleitet. Damit die Angelegenheit nicht zu kompliziert wird, beginnen wir im Folgenden unsere sieben ausgewählten Stücke stets mit einem wartenden Verteidiger. Beide Partner haben dabei den linken Fuß vorne, während sie mit den Armen nach unten in einer vernünftigen Grundstellung stehen. Dies ist sehr künstlicher Aufbau, schafft aber auf diese Weise eine wiederkehrende Ausgangssituation für Anfänger. Es ist sehr wichtig, dass der Angreifer jede Wiederholung als Training für den eigenen Angriff betrachtet. Abzuschalten, während Ihrem Partner die Freude zuteil wird, Sie zu entwaffnen, ist nicht schwer, aber es ist sehr wichtig für Sie und Ihren Partner, die Konzentration kontinuierlich aufrecht zu erhalten. Jeder Angriff sollte mit der richtigen Mechanik, in der korrekten Distanz und auf das vorgesehene Ziel durchgeführt werden.

Entwaffnung und Konter

1. Der Angreifer und der Verteidiger befinden sich mit dem linken Fuß vorne in *Porta di Ferro*.
2. Der Angreifer geht mit einem zur Maske gezielten *Fendente* nach vorn.
3. Unterbrechen Sie den Angriff, indem Sie sein Handgelenk mit Ihrer linken Hand blocken und drehen Sie es nach links.
4. Nutzen Sie den Dolch als Hebel, um den Arm Ihres Partners zu verdrehen, damit Sie ihm den Dolch abnehmen können.
5. Ergreifen Sie den Dolch und schlagen Sie zu.

Guy blockt Kens *Mandritto* mit seiner linken Hand, dreht es sofort nach links, nimmt den Dolch mit seiner rechten Hand und schlägt zu.

Je nach Situation kann der Verteidiger

* einen *Discrescere* diagonal weg von der Attacke machen, um mehr Zeit für seine Technik zu haben. Die funktioniert recht gut, gibt aber dem Angreifer ebenfalls mehr Zeit, einen Konter vorzubereiten,
* stillstehen,
* einen *Accrescere* diagonal nach vorne machen und so die Struktur des Angreifers brechen. Dies ist die ideale Variante, in der Realität jedoch nicht immer möglich.

Guy hat Kens Angriff mit einem *Discrescere* geblockt.

Guy hat Kens Attacke stillstehend geblockt.

Guy hat Kens Angriff mit einem *Accrescere* geblockt.

Von hier an werden alle Techniken in ihrer allgemeinsten Form durchgeführt. Das heißt, in einer einfachen, deutlichen und unrealistischen Anordnung. Wir werden zu einem späteren Zeitpunkt etwas mehr Widerstand einbauen. Übrigens gibt uns Fiore selbst keine spezifischen Angaben zur Beinarbeit dieser Techniken an irgendeiner Stelle.

Nun kontern wir die Entwaffnungstechnik mit dem zweiten Stück:

1. Der Angreifer und der Verteidiger befinden sich mit dem linken Fuß vorne in *Porta di Ferro*.
2. Der Angreifer geht mit einem zur Maske gezielten *Fendente* nach vorn.
3. Unterbrechen Sie den Angriff, indem Sie sein Handgelenk mit Ihrer linken Hand blocken
4. und drehen Sie es nach links.
5. Während Sie drehen, hebt der Angreifer die Spitze des Dolchs über Ihr Handgelenk und folgt Ihrer Drehbewegung, um den Dolch in Ihre Brust zu stechen. (Er macht an sich nichts anderes, als eine *Mandritto-Roverso*-Kombination zu schlagen).

Guy hat Kens Attacke geblockt.

Als Guy seine Hand dreht, hebt Ken die Klinge über das Handgelenk, richtet die Spitze zu Guys Brust aus

und dreht seine Hand um, damit er einen Roverso schlagen kann.

Bindung und Konter

Als nächstes nutzen wir einen Arm, um die Waffe des Gegners zu binden, während wir den anderen frei behalten, um ihn zu schlagen. Wir können die Bindung bei Bedarf auch durch einen Bruch oder Wurf erweitern. Wenn man die Illustration betrachtet, die den Dolch des Angreifers auf dem Boden liegend zeigt, kann man annehmen, dass die Bindung der Entwaffnung folgt. Anfängern fällt es jedoch leichter, die Bindung nicht als eine Folgetechnik durchzuführen. Weiterhin ist es für das Übertragen der Aktion auf das Schwert praktisch, Armdrehungen zum Entwaffnen und das Einfangen des Ellenbogens zum Binden als zwei unterschiedliche Vorgehensweisen zu betrachten.

1. Der Angreifer und der Verteidiger befinden sich mit dem linken Fuß vorne in *Porta di Ferro*.
2. Der Angreifer geht mit einem zur Maske gezielten *Fendente* nach vorn.
3. Unterbrechen Sie den Angriff, indem Sie sein Handgelenk mit Ihrer linken Hand blocken
4. und rutschen Sie mit Ihrer Hand hinter seinen Ellenbogen nach unten.
5. Stellen Sie mithilfe Ihres eigenen Ellenbogens Kontakt mit seinem Handgelenk her
6. und drehen Sie Ihren Arm parallel zur Linie der Schwäche des Angreifers gegen den Uhrzeigersinn, um seine Struktur zu brechen.

Beachten Sie, dass der Verteidiger mit seiner Hand in eine Richtung Druck auf den Ellenbogen, mit dem Ellenbogen aber Druck in die andere Richtung auf das Handgelenk des Angreifers ausübt. Die Linie des Drucks sollte parallel zur Linie der Schwäche des Angreifers sein. Anders ausgedrückt, schieben Sie seinen Ellenbogen zum Dreieckspunkt vor ihm, sein Handgelenk aber zum Dreieckspunkt hinter ihm.

Diese Bindung macht den Angreifer anfällig für allerlei Bösartigkeiten. Sie können zum Beispiel

◆ ihm in sein Gesicht schlagen
◆ eine *Volta Stabile* nach rechts machen, um ihn zu Boden zu bringen
◆ seinen Arm mit einer *Tutta Volta* ausrenken

Ein übliches Problem mit dieser Technik ist, dass der Angreifer seinen Arm strecken kann. Dies kann die Sicherheit des Angreifers gefährden, da der Arm früher überdehnt wird, als der Verteidiger es vorgesehen hat und dadurch seinen Partner verletzen könnte. Im Endeffekt hätten wir eine Überdehnung des gestreckten Arms anstelle einer Bindung.

Guy hat Kens Angriff mit seiner linken Hand geblockt, ist mit seiner Hand unter Kens Ellenbogen gerutscht und wendet die Bindung an.

Kens Struktur ist gebrochen und Guy schlägt ihm ins Gesicht.

Diese großartige Technik wird im gesamten Werk immer wieder gezeigt und *Ligadura Mezana*, mittlere Bindung genannt. Es gibt zwei Möglichkeiten, sie zu kontern. Entweder dreht man sie um oder folgt ihr. Das Umdrehen der Bindung ist, was uns Fiore an dieser Stelle zeigt.

1. Der Angreifer und der Verteidiger befinden sich mit dem linken Fuß vorne in *Porta di Ferro*.
2. Der Angreifer geht mit einem zur Maske gezielten *Fendente* nach vorn.
3. Unterbrechen Sie den Angriff, indem Sie sein Handgelenk mit Ihrer linken Hand blocken
4. und rutschen Sie mit Ihrer Hand hinter seinen Ellenbogen nach unten.
5. Stellen Sie mithilfe Ihres eigenen Ellenbogens Kontakt mit seinem Handgelenk her.
6. Wenn Sie dies tun, dreht der Angreifer seine Hüften von sich aus nach rechts und zieht seine rechte Hand nach innen, um Ihren Ellenbogen zu kontrollieren,
7. während er mit der linken Hand nach seinem eigenen rechten Handgelenk langt.
8. Er bringt seine Hände nach unten zu *Porta di Ferro* (mit oder ohne eine *Volta Stabile* oder *Tutta Volta*, gegen den Uhrzeigersinn).

Seien Sie bei dieser Technik vorsichtig. Diese Bindung ist äußerst effektiv und kann sehr leicht die Schulter oder den Ellenbogen Ihres Partners ausrenken. Sie wird *Ligadura Sottana* (tiefe Bindung) und manchmal auch *Chiave Forte* (starker Schlüssel) genannt. Der Trick ist, die Hüfte in die Linie der Schwäche zu drehen, um Stabilität gegen den Druck des Verteidigers aufzubauen. Das passiert zwar auf natürliche Weise, wenn man mit der linken Hand nach der rechten greift, ist aber dennoch ein wichtiger Aspekt dieser Technik, der erwähnt werden sollte.

Guy setzt zur *Ligadura Mezana* an; Ken verhindert dies mit seiner linken Hand und der Hüftdrehung.

Ken wendet Druck gegen Guys Ellenbogen in Richtung seines vorderen Dreieckspunktes auf.

Ken beendet die Bewegung, bevor Guys Schulter bricht.

Bemerkung: Kens Dolch zeigt in die falsche Richtung; Dies wurde zu spät bemerkt, um es noch korrigieren zu können. Die richtige Ausrichtung können Sie auf dem Buchdeckel finden.

Beachten Sie, dass derjenige, dessen Arm gebunden wird, stets die Energie in seine Beine leiten und nicht in seinem Rücken auffangen sollte (ähnlich wie beim Tragen schwerer Kisten). Im letzten Bild der Sequenz oben kann Guy immer noch agieren, hier ist er jedoch völlig handlungsunfähig.

Einen guten Kampfkünstler macht unter anderem aus, dass er stets bei voller Aufmerksamkeit trainiert, egal ob er gerade an der Reihe ist, die Technik durchzuführen oder ob seinem Partner das „Gewinnen" zusteht. Wenn eine Technik gegen Sie verwendet wird, können Sie daraus auch Lehren für Ihren eigenen Fortschritt ziehen. Häufig kommt es vor, dass der „Strohmann" einfach dem Partner den Angriff hinhält und alles weitere geschehen lässt. Ja, an diesem Punkt halten Sie Ihren Partner tatsächlich den richtigen Stimulus hin und sollten oder besser dürfen seiner Technik keinen Widerstand entgegen bringen. Aber dennoch ist Aufmerksamkeit gefragt, denn Sie können dabei lernen, die Energie der Technik mit Ihren Beinen zu absorbieren, indem Sie Ihre Knie beugen und Ihren Rücken so gerade wie möglich halten. Versuchen Sie nie, eine Technik in Ihrem Rücken zu fangen!

Bruch und Konter

Im nächsten Stück nutzt der Verteidiger beide Arme, um den Arm des Angreifers zu kontrollieren. Er scheint seine Lektion aus dem letzten Stück gelernt zu haben, wo der Angreifer beide Arme nutzt, um die Bindung umzudrehen, die der Verteidiger mit nur einem durchführte. An keinem Punkt definiert Fiore, was der Unterschied zwischen Bindung und Bruch ist. Ich selbst mache es an der Intention desjenigen fest, der die Technik anwendet. Verwende ich einen Arm, um Sie zu halten, sodass ich Sie mit der freien Hand schlagen kann, ist es eine Bindung (ob Ihr Arm bricht oder nicht); nutze ich jedoch beide Hände, so ist Ihr Arm mein Hauptziel, und ich versuche, ihm zu schaden. Dann sprechen wir von einem Bruch.

1. Der Angreifer und der Verteidiger befinden sich mit dem linken Fuß vorne in *Porta di Ferro*.
2. Der Angreifer geht mit einem zur Maske gezielten *Fendente* nach vorn.
3. Unterbrechen Sie den Angriff, indem Sie sein Handgelenk mit Ihrer linken Hand blocken und packen Sie seinen Ellenbogen mit der Rechten.
4. Drehen Sie sein Handgelenk um den Ellenbogen, während Sie mit dem rechten Fuß diagonal nach links gehen.

Die Richtung der Kraft, die der Verteidiger anwendet, ist dieselbe wie für die *Ligadura Mezana*. Lediglich die Körperteile, mit der Sie diese erzeugen, sind anders. Diese Technik kann sehr schnell und brutal einen Arm brechen, seien Sie also vorsichtig.

Guy blockt Kens Handgelenk mit seiner linken Hand und legt seine rechte unter Kens Ellenbogen. Er übt Druck in Richtung der Linie der Schwäche aus.

Der Konter zu dieser Technik ist ein Musterbeispiel für Einfachheit. Wenn der rechte Arm des Verteidigers nach vorne kommt, greifen Sie Ihren Dolch mit der Linken bei der Klinge und treiben den Dolch in seinen Ellenbogen.

1. Der Angreifer und der Verteidiger befinden sich mit dem linken Fuß vorne in *Porta di Ferro*.
2. Der Angreifer geht mit einem zur Maske gezielten *Fendente* nach vorn.
3. Unterbrechen Sie den Angriff, indem Sie sein Handgelenk mit Ihrer linken Hand blocken und packen Sie seinen Ellenbogen mit der Rechten.
4. Der Angreifer nimmt den Dolch an der Klinge in seine linke Hand und treibt ihn in Ihre Armbeuge.

Außerdem übt er Druck nach unten und rechts aus, um Sie aus dem Gleichgewicht zu bringen (und wenn der Dolch spitz wäre, würde er damit auch Ihren Ellenbogen zerstören).

Dies ist außerdem ein gutes Beispiel für eine Faustregel dieses Systems: Attackieren Sie im Zweifelsfall seinen Ellenbogen.

Guy hat Kens Angriff geblockt; Ken greift seine Klinge mit der linken Hand und stößt die Spitze in Guys rechten Ellenbogen.

Wurf

Zuletzt kommen wir zum Wurf, den wir in seiner eigentlichen Form nicht durchführen werden, da man ihn nicht sicher trainieren kann. Die Idee ist, die Wirbelsäule des Angreifers nach hinten zu verbiegen und ihn mit dem Kopf auf den Boden zu werfen. Das ist in einer sicheren Trainingsumgebung inakzeptabel, und in der Tat zeigt Fiore normalerweise Techniken nicht bis zu der Stelle, an der ein Partner verletzt wird, sondern bis zu jener, wo der Schaden kurz bevorsteht. Um Schülern zu ermöglichen, den Wurf bis zum Boden durchzuführen, haben wir ihn leicht modifiziert. Anstatt den Gegner am Hals zu verbiegen, destabilisieren wir ihn an der Schulter.

1. Der Angreifer und der Verteidiger befinden sich mit dem linken Fuß vorne in *Porta di Ferro*.
2. Der Angreifer geht mit einem zur Maske gezielten *Fendente* nach vorn.
3. Unterbrechen Sie den Angriff, indem Sie sein Handgelenk mit Ihrer linken Hand blocken und es nach links drehen,
4. während Sie mit dem rechten Bein aus dem Weg gehen (weg von der Attacke)
5. und Ihre rechte Hand gegen die linke Schulter des Angreifers legen.
6. Behalten Sie Ihren rechten Arm ausgestreckt und gehen Sie schräg nach links mit Ihrem rechten Fuß (wenn nötig, können Sie nach dem Schritt noch zusätzliche Kraft mit einer *Volta Stabile* erzeugen).
7. Der Angreifer fällt auf seine linke Seite. Erhalten Sie die gesamte Zeit die Kontrolle über die Waffe aufrecht.

Dies ist eine sehr gute Gelegenheit, Ihre Kenntnisse zum schmerzfreien Fallen anzuwenden.

Der entscheidende Moment jedes Wurfes ist, wenn die Schultern nicht mehr über der Hüfte sind. Normalerweise kann man dies erreichen, indem man eine Schulter in Richtung des Dreieckspunktes schiebt. In diesem Fall drehen wir die linke Schulter über seinen hinteren Dreieckspunkt. Die korrekte Platzierung Ihrer Beine verhindert, dass er seine Hüfte drehen kann (oder einen Schritt macht), damit diese unter seinen Schultern bleibt, weshalb er fallen wird.

Guy hat Kens Angriff geblockt und dreht sein Handgelenk, um ihn zu destabilisieren.

Er geht auf Ken in Richtung seiner schwachen Linie zu

und dreht ihn mit einer *Volta Stabile* von seinen Füßen.

Der kritische Moment des Wurfes von der anderen Seite.

Wichtige Punkte dabei sind:
◆ Seien Sie bereit dazu, durch Ihren Partner zu gehen.
◆ Erlauben Sie Ihrem Partner zu fallen.
◆ Achten Sie darauf, den Druck in die Linie seiner Schwäche zu richten.

Probleme mit dieser Technik kommen oft von einem natürlichen, sozial verträglichen, aber kontraproduktiven Unwillen, durch seinen Partner zu gehen. Das ist unverschämt, weshalb Anfänger dazu tendieren, den Angreifer zu umgehen und dabei ihre eigene Struktur zu brechen. Dies trifft auch auf die anderen Techniken zu, doch ist es bei dieser besonders offensichtlich. Überwinden Sie diesen Unwillen und akzeptieren Sie, dass Ihr Partner gewillt ist zu fallen. Es kommt auch oft vor, dass man versucht, seinen Partner aufzufangen, um ihm zu „helfen." Und es ist ebenso falsch. Sie riskieren dabei, Ihren Rücken zu verletzen und nehmen Ihrem Partner die Möglichkeit, sein Fallen zu üben. Normalerweise demonstriere ich diesen Wurf mit hoher Geschwindigkeit an der größten Person in der Klasse und dann mit jemandem der dünn und verletzlich wirkt, um auch diese Person gnadenlos (jedoch vorsichtig) zu Boden zu werfen. Sie fallen gut, niemand wird verletzt und die Botschaft kommt dabei hoffentlich an.

Fünf in eins

Nun lassen Sie uns alle fünf Dinge hintereinanderweg durchführen:

1. Der Angreifer und der Verteidiger befinden sich mit dem linken Fuß vorne in *Porta di Ferro*.
2. Der Angreifer geht mit einem zur Maske gezielten *Fendente* nach vorn.
3. Unterbrechen Sie den Angriff, indem Sie sein Handgelenk mit Ihrer linken Hand blocken und es nach links drehen,
4. während Sie mit dem linken Fuß aus dem Weg gehen.
5. Platzieren Sie Ihre rechte Hand auf seiner linken Schulter und
6. halten Sie ihren rechten Arm ausgestreckt, während sie mit dem rechten Fuß schräg nach links gehen.
7. Der Angreifer fällt auf seine linke Seite.
8. Fixieren Sie seinen rechten Ellenbogen an Ihrem linken Knie.
9. Entwaffnen Sie ihn und schlagen Sie zu.

Na gut, das waren nur vier. Es sollte Ihnen jedoch nicht schwer fallen, von dort seinen Arm zusätzlich noch zu brechen.

Nachdem er Ken geworfen hat, sperrt Guy seinen Arm, nimmt den Dolch und schlägt zu.

Alternativer Konter

Das achte Stück ist eine Alternative zum Block des Meisters. Die linke Hand findet die Außenseite des Angriffs und anstatt die Hand des Angreifers zu stoppen, leitet sie diese um.

1. Der Angreifer und der Verteidiger befinden sich mit dem linken Fuß vorne in *Porta di Ferro*.
2. Der Angreifer geht mit einem zur Maske gezielten *Fendente* nach vorn.
3. Greifen Sie das Handgelenk des Angreifers mit Ihrer linken Hand von außen,
4. während Sie mit Ihrem linken Fuß aus der Linie nach links gehen
5. und leiten Sie den Angriff in das Bein, die Leiste oder den Bauch des Angreifers um.

Guy bringt seine linke Hand hinter Kens Angriff

und leitet ihn in sein Bein um.

Es lohnt sich, sich diese acht Stücke in der richtigen Reihenfolge einzuprägen, da sie Ihnen ein komplettes System in Miniaturform aufzeigen.

Neuntes Kapitel

KONTER

Wenn wir die Konter in den ersten sechs Stücken betrachten, sehen wir die folgenden Techniken:

◆ Zweites Stück: Dem Gegner wird der Hebel genommen, indem der Dolch aus seiner ursprünglichen Linie gebracht wird.

◆ Viertes Stück: Eine spezifische Kontertechnik, bei der die Richtung der Bindung umgedreht wird, indem man die Hüften dreht und die rechte mit der linken Hand ergreift.

◆ Sechstes Stück: Die Klinge des Dolchs wird mit der linken Hand gepackt, um den Angriff in den gestreckten Arm des Gegners umzuleiten.

Das neunte und zehnte Stück zeigen weitere Kontertechniken und werden wie folgt durchgeführt:

Neuntes Stück des ersten Meisters: Falle

1. Der Angreifer und der Verteidiger befinden sich mit dem linken Fuß vorne in *Porta di Ferro*.

2. Der Angreifer geht mit einem zur Maske gezielten *Fendente* nach vorn.

3. Unterbrechen Sie den Angriff, indem Sie sein Handgelenk mit Ihrer linken Hand blocken.

4. Der Angreifer fängt Ihr linkes Handgelenk mit der Klinge ein, greift diese mit seiner linken Hand und hält so Ihr Handgelenk fest, um Sie zu drehen und zuzuschlagen.

Guy hat Kens Angriff geblockt; Ken fängt Guys Handgelenk mit dem Dolch

und dreht Guys Arm, um seine Struktur zu brechen.

Zehntes Stück des ersten Meisters: Unterbrechen des Blocks

1. Der Angreifer und der Verteidiger befinden sich mit dem linken Fuß vorne in *Porta di Ferro*.
2. Der Angreifer geht mit einem zur Maske gezielten *Fendente* nach vorn.
3. Unterbrechen Sie den Angriff, indem Sie sein Handgelenk mit Ihrer linken Hand blocken.
4. Sobald Sie dies versuchen, unterbricht der Angreifer Ihren Block mit seiner eigenen Linken, dreht Ihren Arm und schlägt Ihnen zur Brust oder in den Rücken.

Als Guy zum Block ansetzt, unterbricht Ken die Technik mit seiner linken Hand,

dreht Guy herum und sticht ihm in den Rücken.

Diese beiden Stücke, besonders das letztere, können von der gegebenen Situation ausgehend recht schwer fallen. Versuchen Sie, die Techniken gegen einen Verteidiger einzusetzen, der auf den Angreifer zugeht, um Kontrolle über den Dolch zu erlangen. Der Angreifer schlägt seinen Angriff um die gestreckten Arme des Verteidigers mit einem *Mandritto Mezano* herum, von wo aus das Unterbrechen des Blocks leichter durchführbar sein wird.

Unsere Liste von Kontertechniken ist nun also gewachsen:

◆ Zweites Stück: Dem Gegner wird der Hebel genommen, indem der Dolch aus seiner ursprünglichen Linie gebracht wird.

◆ Viertes Stück: Eine spezifische Kontertechnik, bei der die Richtung der Bindung umgedreht wird, indem man die Hüften dreht und die rechte mit der linken Hand ergreift.

◆ Sechstes Stück: Die Klinge des Dolchs wird mit der linken Hand ergriffen, um den Angriff in den gestreckten Arm des Gegners umzuleiten.

◆ Neuntes Stück: Einfangen des gestreckten, blockenden Armes.

◆ Zehntes Stück: Unterbrechen des gestreckten, blockenden Armes.

Beachten Sie, dass alle diese Stücke, mit Ausnahme des letzten, nach dem Kontakt stattfinden.

Zehntes Kapitel

VERTEIDIGUNG GEGEN DIE RÜCKHAND

Der dritte Meister des Dolchs verteidigt sich gegen Angriffe aus der *Roverso*-Linie. Wie Sie wahrscheinlich bemerkt haben, sind wir gerade dabei, den zweiten Meister zu übergehen. Der Grund dafür ist, dass dieser eine Rüstung trägt und ich das Material zum Kampf im Harnisch in einem separaten Kapitel untergebracht habe.

Aus unserer üblichen Ausgangssituation heraus, in der beide Partner mit dem linken Fuß vorne stehen und der erste Schritt vom Angreifer durchgeführt wird, wird die Attacke nun gegen Ihre rechte Schläfe gerichtet. Um sich zu verteidigen, strecken Sie Ihren rechten Arm und gehen mit dem linken Fuß etwas nach links.

Gegen Kens *Roverso* verwendet Guy den Block des dritten Meisters.

Von hier aus können wir nun die fünf Dinge anwenden.

Entwaffnung des dritten Meisters gegen den *Roverso*

Diese Aktion stammt aus dem *Pisani-Dossi*-Manuskript, wo sie sich über das erste und zweite Stück des dritten Meisters erstreckt. Es scheint eine komplexe Technik zu sein, ist in der Praxis jedoch eine einfache, fließende Bewegung. Selbstverständlich können Sie auch schlicht die Technik des ersten Stücks des ersten Meisters spiegeln und das Binden des Arms des Angreifers weglassen.

1. Der Angreifer schlägt einen zur Maske gezielten *Roverso*.
2. Blocken Sie den Angriff mit Ihrer rechten Hand und gehen Sie mit dem linken Fuß nach links.
3. Drehen Sie den Dolch im Uhrzeigersinn.
4. Ergreifen Sie den Dolch mit Ihrer linken Hand, während Sie mit Ihrem linken Fuß hinter den rechten des Angreifers gehen
5. und seinen Ellenbogen mit Ihrer linken Achsel einfangen, um seinen Arm zu binden.
6. Nehmen Sie ihm den Dolch ab
7. und halten Sie seinen rechten Arm mit Ihrem linken fest,
8. während Sie den Dolch mit Ihrer rechten Hand nehmen, um damit dem Angreifer unter seinen rechten Arm zu stechen.

Nachdem der *Roverso* geblockt wurde, ergreift Guy die Klinge mit seiner linken Hand,

er geht hinter Ken, fängt dessen Ellenbogen mit seiner Achsel ein und entwindet den Dolch aus Kens Hand.

Er hält Kens rechten Arm mit seinem linken fest, übergibt den Dolch in seine Rechte und sticht zu.

Bindung des dritten Meisters gegen den *Roverso*

Diese Technik stammt aus dem sechsten Stück des dritten Meisters im *Getty*.

1. Der Angreifer schlägt einen zur Maske gezielten *Roverso*.
2. Blocken Sie den Angriff mit Ihrer rechten Hand und gehen Sie mit dem linken Fuß nach links.
3. Drehen Sie den Dolch im Uhrzeigersinn.
4. Legen Sie Ihre linke Hand gegen den Ellenbogen des Angreifers, um diesen nach oben zu drücken.
5. Platzieren Sie die rechte Hand des Angreifers in Ihrer linken Armbeuge
6. und gehen Sie mit Ihrem rechten Fuß schräg nach rechts.
7. Nehmen Sie sich den Dolch mit Ihrer rechten Hand und schlagen Sie zu.

Guy stoppt Kens Attacke mit seiner rechten Hand am Handgelenk, legt seine linke Hand an den Ellenbogen,

dreht Kens Arm im Uhrzeigersinn,

platziert dessen Handgelenk in seine linke Armbeuge und befreit seine rechte Hand,

um sich den Dolch nehmen und den festgesetzten Ken schlagen zu können.

Aus einem mir unverständlichen Grund finden viele meiner Schüler diese Technik schwierig. Deswegen wird sie Ihnen hier von beiden Seiten gezeigt (und ist auf Video im Wiki verfügbar). Wenn Sie diese Technik also verwirrend finden, sind Sie damit nicht alleine. Nehmen Sie sich etwas mehr Zeit, falls Sie diese benötigen.

Denken Sie daran, dass Sie auch dann üben sollten, wenn die Technik an Ihnen durchgeführt wird. Häufig kommt es vor, dass der „Strohmann" einfach dem Partner den Angriff hinhält und alles weitere geschehen lässt. Ja, an diesem Punkt füttern Sie Ihren Partner tatsächlich mit den richtigen Stimuli und sollten oder besser dürfen seiner Technik keinen Widerstand entgegen bringen. Aber dennoch ist Aufmerksamkeit gefragt, denn Sie können dabei lernen, die Energie der Technik mit Ihren Beinen zu absorbieren, indem Sie Ihre Knie beugen und Ihren Rücken so gerade wie möglich halten. Versuchen Sie nie, eine Technik in Ihrem Rücken zu fangen!

Bruch des dritten Meisters gegen den *Roverso*

Diese Technik stammt aus dem dritten Stück des dritten Meisters im *Getty*.
1. Der Angreifer schlägt einen zur Maske gezielten *Roverso*.
2. Blocken Sie den Angriff mit Ihrer rechten Hand und gehen Sie mit dem linken Fuß nach links.
3. Drehen Sie den Dolch im Uhrzeigersinn.
4. Legen Sie Ihre linke Hand gegen den Ellenbogen des Angreifers.
5. Drücken Sie mit einem gerade Arm (sachte!) den Ellenbogen hinunter.
6. Gehen Sie mit Ihrem rechten Fuß schräg nach rechts
7. und dann mit Ihrem linken vor den Angreifer.

Ein Wort zur Sicherheit: Ellenbogen sind empfindlich, seien Sie also vorsichtig und richten Sie nicht zu viel Druck auf den Arm Ihres Partners, wenn Sie diese Technik üben. Wenn Sie merken, dass Sie diese Technik nur mit viel Anstrengung durchführen können, dann sollten Sie sich einen hilfsbereiteren Partner suchen oder mehr darauf achten, den Druck auf die richtige Stelle des Ellenbogens auszuüben. Sind Sie derjenige, an dem die Technik trainiert wird, versuchen Sie, so viel Druck wie möglich in Ihren Beinen aufzufangen, indem Sie Ihre Knie beugen.

Guy blockt Kens Attacke mit seiner rechten Hand am Handgelenk, legt seine linke Hand an den Ellenbogen

und drückt gegen den Ellenbogen, während er am Handgelenk zieht. Guy richtet den Druck zum Dreieckspunkt und achtet darauf, den Arm nicht tatsächlich zu brechen.

Wurf des dritten Meisters gegen den *Roverso*

Dies ist das erste Stück des dritten Meisters im *Getty*. Stellen Sie sicher, dass Ihr Partner keine Probleme mit der Halswirbelsäule hat, wenn Sie diese Technik trainieren und seien Sie vorsichtig.

1. Der Angreifer schlägt einen zur Maske gezielten *Roverso*.
2. Blocken Sie den Angriff mit Ihrer rechten Hand und gehen Sie mit dem linken Fuß nach links.
3. Drehen Sie den Dolch im Uhrzeigersinn.
4. Schieben Sie mit Ihrer linken Hand seinen Kopf,
5. um Ihn (sachte) zu Boden zu werfen.

Guy hat Kens Angriff geblockt und bewegt seine linke Hand zu Kens Gesicht.

Guy dreht Kens Kopf, indem er mit der Rechten zieht und mit der Linken schiebt.

Dabei dreht er Kens Kopf in Richtung des Dreieckspunkts und lässt ihn fallen. Beachten Sie, dass Guy den Dolch weiterhin kontrolliert.

Und hier eine angenehmere Variante für die Halswirbelsäule:

1. Der Angreifer schlägt einen zur Maske gezielten *Roverso*.
2. Blocken Sie den Angriff mit Ihrer rechten Hand und gehen Sie mit dem linken Fuß nach links.
3. Drehen Sie den Dolch im Uhrzeigersinn.
4. Ergreifen Sie mit Ihrer linken Hand seine linke Schulter von hinten und ziehen Sie diese zum Dreieckspunkt,
5. um Ihn (sachte) zu Boden zu werfen.

Guy hat Kens Angriff geblockt, greift hinter ihn an seine linke Schulter und zieht diese zum hinteren Dreieckspunkt.

Nun stellt sich natürlich als erstes die Frage, warum man einen Kampf mit einem Rückhandangriff einleiten sollte. Aus einer statischen Position heraus ist dies keine intuitive Form des Angriffs. Meiner Erfahrung nach kommt der *Roverso* normalerweise nach einer Finte mit einem *Mandritto*, um eine Parade auf der falschen Seite zu provozieren. (Eine Variante davon haben wir bereits als Konter zum ersten Meister gesehen.) Weiterhin kommen *Roversi* vor, wenn der Verteidiger auf den Angreifer zugeht, um den Dolch zu kontrollieren und der Angreifer sieht, dass die *Mandritto*-Linie geschlossen ist. Ein Angriff auf dieser Linie ergibt also keinen Sinn, weshalb man um die Arme des Verteidigers herum schlägt, um ihm in die Seite seines Kopfes zu stechen. Fiore selbst sagt, der *Roverso* sei problematisch, da man sich nicht selbst decken kann, wenn man ihn verwendet. Führen Sie die oben beschriebenen Übungen also noch einmal entweder als Finte oder Angriff auf einen vorkommenden Verteidiger durch.

Ken schlägt einen *Mandritto* als Finte, Guy führt den Block durch.

Ken wechselt die Linie und schlägt Guy in die Brust.

Die zweite Frage ist vermutlich „Wie kontere ich diese Techniken?" Fiore zeigt einen Konter gegen den dritten Meister:

1. Der Angreifer schlägt einen zur Maske gezielten *Roverso*.
2. Blocken Sie den Angriff mit Ihrer rechten Hand und gehen Sie mit dem linken Fuß nach links.
3. Der Angreifer fängt Ihr Handgelenk mit dem Dolch, ergreift den Dolch von unten mit der linken Hand nah an der Spitze und nutzt die so entstandene Falle, um Ihren Ellenbogen zu Ihrem Dreieckspunkt zu bewegen.

Guy hat mit einem Roverso angegriffen, Ken mit seiner rechten Hand geblockt.

Guy greift mit seiner linken Hand von unten die Klinge und fängt so Kens Handgelenk ein. Guy lenkt Kens Ellenbogen in Richtung seines Dreieckspunktes. Beachten Sie: Unsere Füße sind „falsch" herum, was daran liegt, dass Ken als Verteidiger an Guy heran gegangen ist und dieser um die Arme herum einen *Roverso* geschlagen hat, den Ken dann blockte.

Es sollte weiterhin möglich sein, die Konter des ersten Meisters anzuwenden. Dabei sollten wir jedoch beachten, dass wir uns nicht mit der rechten Hand decken können, wenn wir einen *Roverso* schlagen. Die Unterbrechung (welche wir im vorangegangenen Kapitel als letztes betrachtet haben) ist dementsprechend raus. Folglich können wir Folgendes anwenden: 1. die bereits gezeigte Falle, 2. das Entfernen des Hebels, indem der Dolch befreit wird, 3.

den konkreten Konter zur Bindung und 4. die Neuausrichtung des Angriffs.

Das Entfernen des Hebels sieht dem zweiten Stück des ersten Meisters sehr ähnlich:

1. Der Angreifer schlägt einen zur Maske gezielten *Roverso*.
2. Blocken Sie den Angriff mit Ihrer rechten Hand und gehen Sie mit dem linken Fuß nach links.
3. Der Angreifer bringt die Spitze des Dolches hoch und um Ihren Arm herum, während Sie sein Handgelenk drehen, und sticht ihn in Ihre Brust.

Ken blockt Guys Angriff; Guy hebt seine Spitze

und ändert seine Angriffslinie, um Ken in die Brust zu stechen.

Die *Ligadura Sottana* kann eventuell von einem kräftigen Menschen umgedreht werden, wenn die Bindung schlecht durchgeführt wird. Normalerweise sollte die Technik aber gekontert werden, bevor die Bindung angesetzt ist. Dies kann man durch das Entziehen des Ellenbogen von der ankommenden Hand erreichen, woraufhin man diese Hand dann aus dem Weg bringt.

1. Der Angreifer schlägt einen zur Maske gezielten *Roverso*.
2. Blocken Sie den Angriff mit Ihrer rechten Hand und gehen Sie mit dem linken Fuß nach links.
3. Legen Sie Ihre linke Hand gegen den Ellenbogen des Angreifers, um diesen nach oben zu drücken.
4. Der Angreifer schiebt seinen rechten Arm nach vorne, wodurch er seinen Ellenbogen nach unten bringt. Von hier kann er
5. Ihr linkes Handgelenk mit seiner eigenen linken Hand kontrollieren,
6. seinen rechten Arm zurück ziehen
7. und eine Überstreckung ansetzen.

Als Guy angriff, versuchte Ken eine Überdehnung; Guy hat seinen Ellenbogen gesenkt und ergreift Kens Handgelenk.

Guy zieht den Dolch zurück und drückt mit seiner linken Hand.

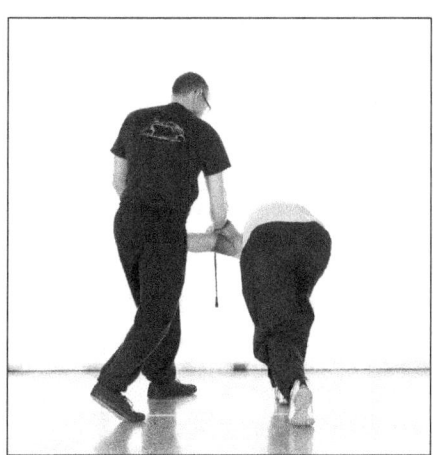

Guy bringt seinen Unterarm oder Kens eigenes rechtes Handgelenk auf Kens linken Ellenbogen, um eine Überdehnung anzusetzen.

Da Guys Arme sich wie die Pleuelstange einer Dampflock vor und zurück bewegen, nennen wir diese Technik „Tschu-Tschu-Zug-Technik."

Diese Stücke zeigen, dass der erste Kontakt neutral ist. Wenn er Ihr Handgelenk hält, halten Sie auch seines. Wichtiger als alles andere ist:

Wer kontrolliert die Waffe?

Und

Wessen Struktur wird gebrochen?

Elftes Kapitel

IM ZWEIFELSFALL VERWENDEN SIE BEIDE HÄNDE

D er vierte Meister des Dolches verteidigt sich mit beiden Händen gegen einen Angriff von oben. Dies kann natürlich ein *Mandritto* oder *Roverso* sein. Um alle Linien zu integrieren, ist es jedoch sinnvoll, ihn gegen einen vertikalen *Fendente* zu verwenden.

Wenn möglich, mache ich beim Anwenden dieser Technik einen Schritt zur Seite, damit ich auf der Außenseite des Arms stehe. Da beide Hände am Arm des Angreifers sind, hängt Ihre Fortsetzung mehr als sonst davon ab, wie er sich bewegt. Lassen Sie uns zu Anfang von den folgenden vereinfachten Reaktionsmöglichkeiten ausgehen:

- Er macht nichts. (Vielleicht nahm er an, der Angriff komme durch, oder Sie waren zu schnell für ihn. Dies ist zwar unwahrscheinlich, kommt aber vor.)
- Er zieht seinen Arm zurück (eine natürliche Reaktion, wenn nach ihm gegriffen wird).
- Er leistet dem Griff Widerstand, indem er Druck dagegen aufbaut.

Nach dem Block wird der Angreifer also entweder aufhören, sich zu bewegen, seinen Arm zurückziehen oder gegen den Block drücken. Sie werden dann dementsprechend ein passendes Stück des vierten Meisters wählen (von denen es, mit dem Meister und einem Konter, insgesamt sieben gibt).

Möglichkeit A: Der Angreifer macht im Moment des Kontaktes nichts

1. Der Angreifer und der Verteidiger befinden sich mit dem linken Fuß vorne in *Porta di Ferro*.
2. Der Angreifer geht mit einem zur Maske gezielten *Fendente* nach vorn.
3. Blocken Sie das Handgelenk des Angreifers mit beiden Händen, während Sie mit Ihrem linken Fuß etwas nach links gehen.
4. Nehmen Sie den Dolch mit Ihrer rechten Hand und drehen Sie ihn in Richtung seines Gesichts, um ihn aus dem Griff des Angreifers zu winden.
5. Schlagen Sie zu.

Dies ist das fünfte Stück des vierten Meisters im *Getty*.

Guy hat Kens Angriff mit einem Schritt zur Seite geblockt.

Guy packt die Klinge mit seiner rechten Hand und dreht Sie in Richtung von Kens Gesicht, um ihn zu entwaffnen und mit dem Dolch anzugreifen.

Möglichkeit B: Der Angreifer zieht den Arm zurück

1. Der Angreifer und der Verteidiger befinden sich mit dem linken Fuß vorne in *Porta di Ferro*.
2. Der Angreifer geht mit einem zur Maske gezielten *Fendente* nach vorn.
3. Blocken Sie das Handgelenk des Angreifers mit beiden Händen, während Sie mit Ihrem linken Fuß etwas nach links gehen.
4. Der Angreifer zieht seinen Arm zurück, als wolle er erneut zuschlagen.
5. Folgen Sie der Bewegung und bringen Sie Ihre rechte Hand unter seinen Ellenbogen, um sein Handgelenk von unten zu ergreifen.
6. Hebeln Sie seinen Arm in Richtung des Dreieckspunktes.

Dies ist das zweite Stück des vierten Meisters im *Getty*.

Als Guy Kens Handgelenk blockt, zieht dieser seinen Arm zurück; Guy folgt und bringt seine rechte Hand unter Kens Arm. Er greift Kens Handgelenk von unten mit seiner rechten Hand und verdreht Kens Arm.

Möglichkeit C: Der Angreifer übt Druck gegen den Block aus

1. Der Angreifer und der Verteidiger befinden sich mit dem linken Fuß vorne in *Porta di Ferro*.
2. Der Angreifer geht mit einem zur Maske gezielten *Fendente* nach vorn.

3. Blocken Sie das Handgelenk des Angreifers mit beiden Händen, während Sie mit Ihrem linken Fuß etwas nach links gehen.
4. Der Angreifer erhält die Bewegung des Angriffs aufrecht, baut also Druck gegen den Block auf.
5. Drehen Sie Ihre Hüften im Uhrzeigersinn, während Sie den Arm des Angreifers drehen.
6. Fangen Sie seinen rechten Ellenbogen mit Ihrer linken Achsel ein
7. und heben Sie das Handgelenk des Angreifers, während Sie eine *Tutta Volta* mit dem rechten Fuß durchführen und so seinen Ellenbogen überdehnen.

Dies ist das erste Stück des vierten Meisters im *Getty* und *Pisani-Dossi*.

An dieser Stelle weist uns Fiore an, den linken Fuß nach oben zu schwingen und rückwärts zu fallen. Das Ergebnis wäre ein endgültig zerstörter Arm für den Angreifer, aber ich denke, wir sollten nicht so weit gehen. Sie können ein Bild dazu im zweiten Stück des vierten Meisters im *Pisani-Dossi*-MS finden.

Guy hat Kens Angriff geblockt und hält seinen Arm. Guy bringt seinen linken Ellenbogen über Kens Arm,

um eine Armsperre anzubringen, während er sich im Uhrzeigersinn dreht

und stoppt hier aus Sicherheitsgründen oder bringt Ken (vorsichtig!) zu Boden.

Nun betrachten wir diese Stücke aus Sicht eines bedachten und intelligenten Angreifers. Welche Art von Konter können wir hier ansetzen? Fiore zeigt uns eine Falle als spezifischen Konter zum vierten Meister.

1. Der Angreifer und der Verteidiger befinden sich mit dem linken Fuß vorne in *Porta di Ferro*.
2. Der Angreifer geht mit einem zur Maske gezielten *Fendente* nach vorn.
3. Blocken Sie das Handgelenk des Angreifers mit beiden Händen, während Sie mit Ihrem linken Fuß etwas nach links gehen.

4. Der Angreifer packt den Dolch mit der linken Hand, um die Hände des
   Verteidigers zu fangen
5. und dreht seine Hände zu seiner linken Seite, sodass der Knauf des Dolches zu Ihrem linken Dreieckspunkt weist und Sie sich drehen.
6. Der Angreifer entlässt Sie aus der Falle und schlägt Ihnen in den Rücken.

Als Guy blockt, packt Ken die Klinge seines Dolchs und fängt so Guys Hände ein.

Im Kontaktmoment wird der Angreifer vermutlich kurz innehalten, um die
Falle ansetzen zu können. Er kann natürlich auch seine Angriffslinie wechseln, indem er seinen Arm dreht und einen *Mandritto* schlägt. Für den Verteidiger wird sich dies wie das Zurückziehen des Armes anfühlen. Wenn der
Angreifer die Richtung zu einem *Roverso* wechselt, fühlt sich das ganze für
den Verteidiger an, als drücke der Angreifer gegen den Block.

Als Guy blockt, wechselt Ken zu einem *Mandritto*.

Als Guy blockt, wechselt Ken zu einem *Roverso*.

An dieser Stelle, vorausgesetzt Sie kennen das gesamte vorangegangene Material ausreichend gut, können Sie versuchen, die Stücke je nach Reaktion des Angreifers einzusetzen (Klinge greifen, umlenken nach rechts oder links), sodass sie die richtige Antwort auf sein Verhalten parat haben. Beginnen Sie kooperativ und werden Sie dann langsam schneller und versuchen Sie, Ihre jeweilige Technik (als Angreifer, der die Reaktion wählt oder als Verteidiger, der damit umgehen muss) stückweise mit mehr Nachdruck durchzuführen, bis das ganze zu einem Spiel wird: Der Gewinner kann seine Technik durchführen oder den anderen mit dem Dolch treffen. Seien Sie dabei vorsichtig!

Zwölftes Kapitel

DER TIEFE ANGRIFF

F iore zeigt uns drei unbewaffnete Verteidigungen gegen den *Sottano*, den klassischen Stich in den Bauch. Zwei davon sind Varianten des achten Meisters, die letzte ist der Neunte. Sie werden wie folgt dargestellt:

Wie ich das sehe, gehen die ersten beiden auf die Innenseite des Angriffs, die dritte jedoch zur Außenseite. Wir werden nun eine Bindung vom achten Meister und eine Entwaffnung, einen Bruch und einen Wurf vom neunten Meister aus durchführen. Beachten Sie: Wenn Sie sich verteidigen, sollten Sie Ihre Hände stets nach vorne bringen und nicht nach unten. Halten Sie den Angriff von sich fern, indem Sie Ihre Arme ausstrecken.

Sottano-Entwaffnung:
Erstes und zweites Stück des neunten Meisters

Dieses Stück stammt vom neunten Meister. Streng genommen müssten wir erst mit beiden Händen das Handgelenk des Angreifers fassen und dann mit der Rechten zum Dolch wandern. Es ist in der Praxis jedoch einfacher, wenn die Hand beim Block, wie unten beschrieben, direkt zum Dolch geht. Natürlich können Sie die Technik auch in ihrer kanonischen Form anwenden.

1. Der Angreifer und der Verteidiger stehen mit dem linken Fuß vorne.
2. Der Angreifer hält den Dolch in einem Vorhandgriff und geht mit einem *Sottano* nach vorne.
3. Blocken Sie sein Handgelenk mit Ihrer linken Hand und die Dolchklinge mit Ihrer rechten.
4. Heben Sie Ihre linke Hand, während Sie mit Ihrer rechten nach vorne und unten hebeln.
5. Stechen Sie dem Angreifer mit dem Dolch in die Brust.

Guy unterbricht Kens Stich mit dem Block des neunten Meisters.

Guy packt die Klinge mit der rechten Hand.

Guy hebt beide Hände, wobei er den Dolch nach vorne schiebt

und schlägt zu.

Wenn Sie diese Technik flüssig durchführen, fühlt es sich an, als fingen Sie sein Handgelenk und den Dolch auf und heben dann einfach Ihre Hände. Achten Sie darauf, dass der Daumen des Angreifers nach oben weist. Wenn sich seine Hand dreht und der Daumen unten ist, wird die Entwaffnung nicht funktionieren (und Sie müssten stattdessen sein Handgelenk brechen).

Sottano-Bruch:
Sechstes Stück des neunten Meisters

Dieses Stück ist besonders einfach, wenn der Angreifer Druck gegen Ihren Block aufwendet, kann aber zu Beginn auch aus einer statischen Position heraus geübt werden. Die Kräfte, die auf den Arm des Angreifers einwirken, sind ähnlich denen, die bei der *Ligadura Mezana* zum Tragen kommen: seitlicher Druck gegen Handgelenk und Ellenbogen. Wenn er seinen Arm streckt, erreichen Sie so eine Überdehnung. Seien Sie also vorsichtig.

1. Der Angreifer und der Verteidiger stehen mit dem linken Fuß vorne.
2. Der Angreifer hält den Dolch in einem Vorhandgriff und geht mit einem *Sottano* nach vorne.
3. Blocken Sie das Handgelenk des Angreifers mit beiden Händen und gehen Sie mit Ihrem linken Fuß leicht nach links.

4. Führen Sie seine Bewegung fort und führen Sie die Seite seines rechten Ellenbogens gegen Ihren Oberarm,

5. schwingen Sie Ihr rechtes Bein mit einer *Tutta Volta* herum

6. und richten Sie (sanften!) Druck gegen den Ellenbogen des Angreifers.

Wenn Sie an dieser Stelle die nötige Aufmerksamkeit aufbringen, können Sie den Druck so anpassen, dass entweder der Ellenbogen oder die Schulter des Angreifers Schaden nehmen. Üben Sie diese Technik mit Vorsicht und finden Sie heraus, ob Sie beide Möglichkeiten unterscheiden können.

Guy verteidigt sich mit dem Block des neunten Meisters und dreht seinen Arm gegen Kens Ellenbogen. Guy fährt mit der Bewegung fort um den Arm zu überdehnen.

Guy beendet die Drehung, um Kens Arm (nicht) zu brechen.

Sottano-Bindung

Diese Technik kann dem Block des neunten Meisters folgen und wird auch im vierten und fünften Stück von seinen Schülern gezeigt. Es ist jedoch ebenso nach der Verteidigung des achten Meisters möglich (und auch einfacher, wenn man viele meiner Schüler fragt). An dieser Stelle bietet sich Ihnen die hervorragende Möglichkeit, ein und dieselbe grundlegende Technik (die *Ligadura Sottana*) auf zwei verschiedene Arten durchzuführen. Welche Sie wählen, ist davon abhängig, ob der Angreifer seinen Arm zurückzieht oder Druck gegen den Block ausübt.

Der Angreifer zieht seinen Arm zurück:

1. Der Angreifer und der Verteidiger stehen mit dem linken Fuß vorne.
2. Der Angreifer hält den Dolch in einem Vorhandgriff und geht mit einem *Sottano* nach vorne.
3. Blocken Sie den Angriff mit der Kante Ihres linken Handgelenks und gehen Sie mit Ihrem linken Fuß etwas nach links.
4. Greifen Sie mit Ihrer rechten Hand von unten nach dem Ellenbogen des Angreifers.
5. Der Angreifer zieht seinen Arm zurück, also gehen Sie mit Ihrem rechten Fuß hinter ihn, während Sie mit Ihrer rechten Hand an seinem Ellenbogen ziehen.
6. Binden Sie sein rechtes Handgelenk in Ihrer linken Armbeuge
7. und fixieren Sie seinen rechten Ellenbogen mit Ihrer linken Hand.
8. Befreien Sie Ihre rechte Hand und schlagen Sie zu, während der Angreifer gefangen ist oder nutzen Sie beide Hände, um seinen Arm (nicht!) zu brechen.

Guy hält seine linke Hand mit der rechten und verteidigt sich gegen Kens Angriff mit dem Block des achten Meisters.

Guy packt Kens Ellenbogen mit der rechten Hand. Während er hinter Ken geht, zieht Guy an Kens Ellenbogen und legt dessen Handgelenk in seine linke Armbeuge.

Guy setzt die *Ligadura Sottana* an.

Der Angreifer wendet Druck nach vorne auf:

1. Der Angreifer und der Verteidiger stehen mit dem linken Fuß vorne.
2. Der Angreifer hält den Dolch in einem Vorhandgriff und geht mit einem *Sottano* nach vorne.
3. Blocken Sie den Angriff mit der Kante Ihres linken Handgelenks und gehen Sie mit Ihrem linken Fuß etwas nach links.
4. Greifen Sie mit Ihrer rechten Hand von unten nach dem Ellenbogen des Angreifers.
5. Der Angreifer richtet Druck mit seiner Hand nach vorne, also machen Sie mit Ihrem rechten Fuß eine kleine *Tutta Volta*, während Sie mit Ihrer rechten Hand an seinem Ellenbogen ziehen.
6. Binden Sie sein rechtes Handgelenk in Ihrer linken Armbeuge
7. und fixieren Sie seinen rechten Ellenbogen mit Ihrer linken Hand.
8. Befreien Sie Ihre rechte Hand und schlagen Sie zu, während der Angreifer gefangen ist oder nutzen Sie beide Hände, um seinen Arm (nicht!) zu brechen.

Guy hält seine linke Hand mit der rechten und verteidigt sich gegen Kens Angriff mit dem Block des achten Meisters.

Guy packt Kens Ellenbogen mit der rechten Hand.

Guy folgt Kens Druck mit einer Drehung

und wendet die *Ligadura Sottana* an.

Sottano-Wurf:
Siebtes und achtes Stück des neunten Meisters

Dies ist jedermanns Lieblingstechnik!

1. Der Angreifer und der Verteidiger stehen mit dem linken Fuß vorne.
2. Der Angreifer hält den Dolch in einem Vorhandgriff und geht mit einem *Sottano* nach vorne.
3. Fangen Sie das Handgelenk des Angreifers mit beiden Händen und gehen Sie mit Ihrem linken Fuß leicht nach links.
4. Rammen Sie sein eigenes Handgelenk in seine Leistengegend. (Vorsichtig! Sie sind als nächster dran.)
5. Gehen Sie mit zwei Schritten hinter ihn (ein Schritt mit dem rechten Fuß und einer mit dem linken).
6. Lassen Sie mit Ihrer linken Hand los und greifen Sie von hinten zwischen seine Beine,
7. um sein Handgelenk von dort wieder zu kontrollieren und daran ziehen zu können.

Grundsätzlich sollten Sie diese Technik nicht bis zu dem Punkt durchführen, an dem Ihr Partner auf dem Boden liegt, auch wenn Fiore zeigt, wie der Verteidiger den Knöchel des Angreifers packt und ihn dann mit dem Gesicht voran wirft.

Guy hat Kens Angriff geblockt.

Guy schlägt seine rechte Hand mitsamt Kens Handgelenk in Kens Leiste.

Guy greift mit der linken Hand nach seinem eigenen Handgelenk, geht mit seinem linken Fuß um Ken herum

und hat Ken kurz davor, auf sein Gesicht zu fallen.

Dreizehntes Kapitel

DIE VERTEIDIGUNG GEGEN DAS PACKEN UND ZUSCHLAGEN

D er fünfte Meister verteidigt sich gegen den klassischen, wenn auch nicht sehr intelligenten Angreifer, der Sie mit seiner linken Hand packt, um Sie mit der Rechten zu bedrohen oder zu schlagen. Fiore schreibt explizit, dass dieser Griff dem Verteidiger einen Vorteil verschafft. Der Angreifer bietet uns seinen Arm förmlich als Zielscheibe an. Großartig! Dann können wir ihn ja brechen...

Die Ausgangslage:

1. Der Verteidiger hat das rechte Bein vorn.
2. Der Angreifer packt ihn mit der linken Hand am Kragen und hat seinen linken Fuß vorne.
3. Er bedroht dem Verteidiger mit seinem Dolch.

Die Bedrohung kann zwar aus jeder Linie kommen, doch lassen Sie uns mit einem erhobenen und nach hinten gehaltenen Dolch beginnen, der für einen *Mandritto* oder *Fendente* bereit gehalten wird.

Ken packt Guy am Kragen und verlangt Geld. Beachten Sie, dass Guy nun eine Rüstjacke trägt, da einige dieser Techniken damit besser funktionieren und T-Shirts beim Üben leicht reißen können.

An dieser Stelle sollten wir uns eine Frage stellen: Ist der Dolch eine unmittelbare Bedrohung oder können Sie sich mit dem linken Arm des Angreifers beschäftigen? Fiore beginnt mit letzterem Fall, weshalb wir nun dasselbe machen werden. Der Angreifer muss seinen Dolch also drohend zurück halten. Wir können entweder den Griff aufbrechen (wofür uns Fiore drei verschiedene Varianten zeigt) oder den Arm brechen, was meine bevorzugte Variante ist.

1. Packen Sie seine linke Hand mit Ihrer eigenen linken, um sie zu fixieren.
2. Drücken Sie mit Ihrer rechten Hand von unten gegen seinen Ellenbogen.
3. Gehen sie mit Ihrem rechten Fuß nach rechts
4. und drehen Sie seinen Arm in eine *Ligadura Sottana*.

Beachten Sie, dass diese Aktion den gesamten Körper des Gegners zwischen Sie und den Dolch bringt und so die Bedrohung von Ihnen fern hält. Wenn dies nicht der Fall ist, haben Sie die Verteidigung falsch durchgeführt. Hierbei handelt es sich um das neunte Stück des fünften Meisters.

Ken packt Guys Jacke: Guy hält Kens Hand fest und drückt dessen Ellenbogen hoch, während er nach rechts geht.

Drehend hebelt Guy Kens Arm

und beendet die Bewegung in der *Ligadura Sottana*.

Sie können diese Technik aus einer statischen Position heraus üben oder den Angreifer auf Sie zukommen und Ihre Jacke packen lassen. Je nachdem, wie der Angreifer seinen Arm bewegt, können Sie anstelle der *Ligadura* auch eine Überdehnung verwenden.

Guy hält Kens Hand fest und schlägt mit dem rechten Unterarm auf dessen Ellenbogen; Guy bringt Ken zu Boden, indem er seinen (im freundschaftlichen Training un)beschädigten Arm zum Dreieckspunkt schiebt.

Sollte der Dolch des Angreifers eine Bedrohung sein, ignorieren Sie den linken Arm vollständig und verteidigen Sie sich gegen den Dolch. Sie werden feststellen, dass gegen *Mandritto* und *Sottano* die üblichen Entwaffnungen gut funktionieren. Fiore zeigt den *Mandritto* beim fünften Meister nicht, behandelt den *Sottano* jedoch in dessen zwölften Stück.

Ken packt zu und schlägt einen *Mandritto*: Guy ignoriert den Griff, blockt mit der Technik des ersten Meisters und führt die übliche Entwaffnung des ersten Meisters durch.

Ken packt zu und schlägt einen *Sottano*: Guy ignoriert den Griff, blockt mit der Technik des neunten Meisters

und führt die übliche Entwaffnung des neunten Meisters durch.

Gegen einen *Roverso* kann der linke Arm des Angreifers jedoch im Weg sein. Deshalb zeigt uns Fiore im siebten Stück des fünften Meisters einen äußerst effizienten Wurf. Führt man ihn jedoch falsch durch, kann er Ihrem Rücken oder Partner Schaden zufügen. Seien Sie also vorsichtig und gehen Sie die Sache langsam an.

1. Der Angreifer packt Sie am Kragen und hält den Dolch für einen *Roverso* bereit.
2. Packen Sie sein rechtes Handgelenk mit Ihrer rechten Hand und halten Sie Ihren Arm in Richtung seiner Linie der Schwäche ausgestreckt (normalerweise schräg nach rechts vorne).
3. Gehen Sie mit Ihrem rechten Fuß in dieselbe Richtung. Dadurch wird der Angreifer nach hinten straucheln.
4. Ziehen Sie Ihren hinteren Fuß zur Stabilisierung etwas nach vorne und halten Sie dabei den Rücken gerade, wenn nötig, gehen Sie in die Knie. Fangen Sie sein rechtes Bein mit Ihrem linken Arm.
5. Bringen Sie Ihren Partner an den Punkt, wo er sein Gleichgewicht verliert.
6. Führen Sie von hier keinen Wurf durch, wenn Sie nicht beide viel Übung im Fallen haben.

Ken hat Guy am Kragen gepackt und droht mit einem *Roverso* anzugreifen.

Guy blockt das Handgelenk und geht nach vorne,
wobei er seinen rechten Arm gerade hält.

In dessen Linie der Schwäche drückend, fängt Guy
Kens Bein auf, als es vom Boden hoch kommt.

Nun, da Sie sich gegen jede Angriffslinie verteidigen können, während man
Sie am Kragen festhält, können Sie daraus einen Drill zum Erkennen von
Bedrohungen machen:

Der Angreifer packt Sie und entweder greift er sofort an oder hält er den
Dolch zurück. Der Verteidiger muss die Bedrohung oder die Gelegenheit
erkennen und entweder den gestreckten Arm binden oder sich gegen den
Angriff verteidigen.

Vierzehntes Kapitel

DOLCH GEGEN DOLCH

Fiore zeigt drei der neun Meister mit einem Dolch bewaffnet: den sechsten, den siebten und den achten. Weiterhin gibt es bewaffnete Stücke im neunten Meister. Der zweite und der siebte Meister sind für den Einsatz in Rüstung gedacht, weshalb ich sie im folgenden Kapitel behandeln und Ihnen an dieser Stelle die fünf Dinge (und ein paar zusätzliche) vom sechsten und achten Meister aus zeigen werde. Es ist nicht sonderlich sinnvoll, den Arm des Angreifers zu brechen, wenn man selbst einen Dolch hält, mit dem man ihn genauso gut stechen könnte. Deshalb habe ich Stiche in den Arm anstelle des Bruchs mit aufgenommen. Weiterhin gibt es keinen Grund, den Gegner zu Boden zu werfen, und Fiore zeigt auch keine entsprechenden Techniken. Da es sich dabei aber um eine unterhaltsame und praktische Übung handelt, werde ich Ihnen dennoch eine zeigen.

Der sechste Meister verteidigt sich mithilfe seines Dolchs gegen einen Angriff von oben (der ein *Mandritto*, *Roverso* oder *Fendente* sein kann), der achte gegen einen *Sottano*.

Entwaffnung des sechsten Meisters

1. Der Angreifer und der Verteidiger befinden sich mit dem linken Fuß vorne in *Porta di Ferro*.
2. Halten Sie Ihren Dolch mit beiden Händen am Griff und an der Klinge.
3. Der Angreifer geht mit einem zur Maske gezielten *Fendente* nach vorn.
4. Blocken Sie mit Ihrem Dolch das Handgelenk des Angreifers, während Sie aus der Linie gehen.

5. Drehen Sie die Spitze Ihres Dolches (nach rechts) über das Handgelenk des Angreifers, um seinen Dolch weg zu drücken.

6. Heben Sie Ihre rechte Hand, während Sie eine *Tutta Volta* durchführen

7. und dabei weiterhin den Dolch herumhebeln. Reißen Sie ihn so aus der Hand des Angreifers,

8. während Sie seinen rechten Ellenbogen unter Ihrem eigenen Arm einfangen.

9. Stechen Sie ihm mit Ihrem Dolch in den Rücken.

Hierbei handelt es sich um das vierte Stück des sechsten Meisters im *Getty*.

Guy hat Kens Angriff mit der Klinge, die er zwischen seinen Händen hält, abgefangen.

Guy dreht seine Spitze über Kens Handgelenk

und schwingt, dem Dolch folgend, mit einer *Tutta Volta* im Uhrzeigersinn herum.

Guy löst den Dolch aus Kens Griff.

Bindung des sechsten Meisters

1. Der Angreifer und der Verteidiger befinden sich mit dem linken Fuß vorne in *Porta di Ferro*.
2. Halten Sie Ihren Dolch mit beiden Händen am Griff und an der Klinge.
3. Der Angreifer geht mit einem zur Maske gezielten *Fendente* nach vorn.
4. Blocken Sie mit Ihrem Dolch das Handgelenk des Angreifers, während Sie aus der Linie gehen.

5. Lassen Sie den Dolch mit Ihrer linken Hand los, um sie auf der Innenseite hinter seinen Ellenbogen zu bringen.

6. Wenden Sie die *Ligadura Mezana* an und schlagen Sie mit Ihrem Dolch zu.

Hierbei handelt es sich um das zweite Stück des sechsten Meisters.

Nachdem er Kens Angriff geblockt hat, schiebt Guy seine linke Hand zu Kens Ellenbogen,

wendet die *Ligadura Mezana* an und schlägt zu.

Der Stich in den Arm des sechsten Meisters

1. Der Angreifer und der Verteidiger befinden sich mit dem linken Fuß vorne in *Porta di Ferro*.
2. Halten Sie Ihren Dolch mit beiden Händen am Griff und an der Klinge.
3. Der Angreifer geht mit einem zur Maske gezielten *Fendente* nach vorn.
4. Blocken Sie mit Ihrem Dolch das Handgelenk des Angreifers, während Sie aus der Linie gehen.
5. Drehen Sie den Dolch gegen den Uhrzeigersinn, um die Spitze in seinen Ellenbogen zu treiben.

Hierbei handelt es sich um das sechste Stück des sechsten Meisters im *Getty*.

Nachdem er Kens Angriff geblockt hat, treibt Guy seinen Dolch in Kens Ellenbogen.

Wurf des sechsten Meisters

Fiore zeigt keinen Wurf vom sechsten Meister aus. Wahrscheinlich, weil es nicht notwendig ist, den Angreifer zu werfen, wenn man ihn stattdessen einfach stechen kann. Also wenden wir, nur zum Spaß, einen Wurf des dritten Meisters an.

1. Der Angreifer und der Verteidiger befinden sich mit dem linken Fuß vorne in *Porta di Ferro*.
2. Halten Sie Ihren Dolch mit beiden Händen am Griff und an der Klinge.
3. Der Angreifer geht mit einem zur Maske gezielten *Fendente* nach vorn.
4. Blocken Sie mit Ihrem Dolch das Handgelenk des Angreifers, während Sie aus der Linie gehen.
5. Richten Sie den Dolch zum Gesicht des Angreifers aus.
6. Lassen Sie die Klinge mit Ihrer linken Hand los und greifen Sie nach seiner linken Schulter.
7. Drehen Sie Ihn nach links und stechen Sie ihm ins Gesicht oder in den Hals (auf die Maske).

Guy blockt Kens *Roverso*.

Guy zieht Ken aus dem Gleichgewicht und hält seine Klinge zum Schlag bereit.

Der Konter

Dies ist eine der am häufigsten genutzten Aktionen in der gesamten *Armizare*: Schieben Sie den Ellenbogen weg. Gegen das richtige Ziel und in die richtige Richtung durchgeführt, können Sie Ihren Gegner so herumdrehen und ihm in den Rücken stechen. Hierbei handelt es sich um einen Konter zu allen oben beschriebenen Techniken.

1. Der Angreifer und der Verteidiger befinden sich mit dem linken Fuß vorne in *Porta di Ferro*.
2. Halten Sie Ihren Dolch mit beiden Händen am Griff und an der Klinge.
3. Der Angreifer geht mit einem zur Maske gezielten *Fendente* nach vorn.
4. Blocken Sie mit Ihrem Dolch das Handgelenk des Angreifers, während Sie aus der Linie gehen.
5. Der Angreifer drückt Ihren rechten Ellenbogen mithilfe seiner linken Hand von sich aus nach rechts, während er einen weiteren Schritt macht
6. und zuschlägt.

Hierbei handelt es sich um das siebte Stück des sechsten Meisters im *Getty*.

Guy hat Kens Angriff geblockt; Ken drückt Guys Ellenbogen mit seiner linken Hand weg und schlägt zu.

Dem Konter zuvorkommen

Nach dem Konter zeigt uns Fiore ein weiteres Stück. Im Text verdeutlicht er, dass es eigentlich davor gehört und in Rüstung besser funktioniert. Wenn der Angreifer nach vorne kommt, stechen Sie ihm mit Ihrem Dolch ins Handgelenk.

1. Der Angreifer und der Verteidiger befinden sich mit dem linken Fuß vorne in *Porta di Ferro*.
2. Halten Sie Ihren Dolch mit beiden Händen am Griff und an der Klinge.
3. Der Angreifer geht mit einem zur Maske gezielten *Fendente* nach vorn.
4. Gehen Sie mit einem *Discrescere* etwas nach hinten, während Sie mit der Spitze Ihres Dolches in das Handgelenk des Angreifers stechen (in eine offene Stelle seines Panzerhandschuhs).

Hierbei handelt es sich um das achte Stück des sechsten Meisters im *Getty*.

Als Ken angreift, sticht ihm Guy in die offene Stelle seines Panzerhandschuhs.

Sie können den sechsten Meister gegen alle Angriffe von oben verwenden. Nach dem Block führen Sie ein passendes Stück oder eine Variante davon durch, je nachdem, was in der entsprechenden Situation Sinn ergibt. Wenn Ihr dreister Partner die Übung ändert, indem er von unten angreift, dann blocken Sie den Angriff mit der Verteidigung des achten Meisters. Denken Sie daran, vorwärts und nicht nach unten zu blocken. Halten Sie den Dolch von sich fern.

1. Der Angreifer und der Verteidiger befinden sich mit dem linken Fuß vorne in *Porta di Ferro*.
2. Halten Sie Ihren Dolch mit beiden Händen am Griff und an der Klinge.
3. Der Angreifer geht mit einem *Sottano* nach vorn.
4. Blocken Sie mithilfe Ihres Dolchs sein Handgelenk, während Sie aus der Linie gehen und...

Machen Sie etwas Passendes. Sie können ihn entwaffnen, binden, brechen und werfen oder einfach sein rechtes Handgelenk mit Ihrer linken Hand ergreifen und ihn stechen.

Guy blockt Kens Sottano mit dem achten Meister.

Guy packt Kens Handgelenk und schlägt zu.

Fiore zeigt keine Techniken vom achten Meister aus, sondern nur die drei Varianten des Blocks und den Konter, welcher derselbe wie beim sechsten Meister ist: Schieben Sie den Ellenbogen weg. Wenn Sie bis hierhin das gesamte Material durchgegangen sind, sollten Sie auch ohne eine Erklärung von mir etwas Praktisches anstellen können. Wenn Sie wirklich nicht weiter wissen, können Ihnen die Videos im Wiki helfen.

Fünfzehntes Kapitel

DER DOLCH-ENTWAFFNUNGS-FLOWDRILL

Nun da wir die grundlegenden unbewaffneten Techniken gegen den Dolch betrachtet haben, brauchen wir eine etwas weniger eingeschränkte und vorhersehbare Umgebung, in der wir unsere Fertigkeiten weiter ausbauen können. Dazu werden wir einen Flowdrill entwickeln und brechen. Ein solcher Drill kombiniert verschiedene Techniken, die sich gegenseitig kontern und dabei ständig wiederholen. Für die meisten Kampfkünste, die ich kennen gelernt habe, stellen solche Drills eine wichtige Komponente dar. Unser Flowdrill kombiniert drei Entwaffnungen in einem beständigen Fluss, die Sie zuerst einzeln trainieren und dann hintereinanderweg durchführen sollten. Der hauptsächliche Vorteil von Flowdrills ist, dass sie Sie zwingen werden, sich während der gesamten Übung zu bewegen. Allerdings gibt es auch Nachteile. So kann die festgelegte Choreographie des Drills dazu führen, dass jeglicher Realismus abhanden kommt, da nur versucht wird, den Fluss aufrecht zu erhalten, anstatt auf jede gelungene Verteidigung einen ernsthaften Schlag folgen zu lassen. Mit anderen Worten kann es also in einer überbetonten Kooperation enden. Dies können Sie durch das Brechen des Flusses einschränken.

Erste Aktion: *Mandritto*-Entwaffnung

1. Der Angreifer und der Verteidiger befinden sich beide mit dem linken Fuß vorne in *Porta di Ferro*.
2. Der Angreifer geht mit einem zur Maske gezielten *Fendente* nach vorne.

3. Blocken Sie sein Handgelenk mit Ihrer linken Hand.

4. Drehen Sie es nach links und nutzen Sie dabei den Dolch als Hebel für die Entwaffnung.

5. Nehmen Sie ihm den Dolch ab und schlagen Sie zu. Die *Roverso*-Linie ist an dieser Stelle die kürzeste Möglichkeit.

Zweite Aktion: *Roverso*-Entwaffnung

Diese Technik stammt aus dem *Pisani-Dossi*-Manuskript, wo sie sich über das erste und zweite Stück des dritten Meisters erstreckt.

1. Der Angreifer schlägt einen *Roverso* zur Maske.

2. Blocken Sie den Angriff mit Ihrer rechten Hand, während Sie mit Ihrem linken Fuß nach links gehen.

3. Drehen Sie den Dolch im Uhrzeigersinn,

4. Greifen Sie den Dolch mit Ihrer linken Hand, während Sie mit Ihrem linken Fuß hinter seinen rechten gehen,

5. Fangen Sie seinen Ellenbogen in Ihrer linken Achsel ein

6. und nehmen Sie den Dolch aus seiner Hand.

7. Fixieren Sie seinen rechten Arm mit Ihrem Linken

8. und nehmen Sie den Dolch aus Ihrer linken in Ihre rechte Hand, um dem Angreifer unter seinen rechten Arm zu stechen.

Dritte Aktion: *Sottano*-Entwaffnung

Dieses Stück stammt vom neunten Meister. Streng genommen müssten wir erst das Handgelenk des Angreifers mit beiden Händen packen und dann mit der Rechten zum Dolch rutschen. In der Praxis ist es jedoch einfacher, die rechte Hand direkt an den Dolch zu bringen, wenn Sie bereits wissen, was kommt.

1. Der Angreifer und der Verteidiger stehen mit dem linken Fuß vorne.

2. Der Angreifer hält den Dolch in einem Vorhandangriff und attackiert mit einem *Sottano*.

3. Fangen Sie sein Handgelenk mit Ihrer linken Hand und die Dolchklinge mit Ihrer rechten auf

4. und hebeln Sie den Dolch mit Ihrer Rechten nach vorne und unten.

5. Stechen Sie dem Angreifer in die Brust.

Die Entwaffnung gegen den *Mandritto* endet mit einem *Roverso*, die gegen den *Roverso* mit einem *Sottano* und die gegen den *Sottano* mit einem *Mandritto*. Gehen Sie an dieser Stelle also die drei Techniken langsam nacheinander durch, sodass sie die jeweils vorangehende kontern. Machen Sie dabei die nötigen Schritte, um Ihre Technik durchführen zu können und bauen Sie zunächst einen fließenden, kooperativen Drill auf. Wenn Sie so weit sind, bildet dieser Drill eine Grundlage zum Üben anderer Techniken.

Brechen Sie den Fluss

Wenn der Fluss aufgebaut ist, können Sie ihn mit den folgenden Aktionen brechen:

- einem Angriff, der gelingt (weil er zum Beispiel aus einer unerwarteten Linie kommt)
- einer Bindung
- einem Bruch
- einem Wurf
- einem Konter gegen eine der Entwaffnungen

Wenn Sie den Fluss mit einer der oben genannten Optionen brechen, können Sie fast alle Techniken aus dem System in einer dynamischeren, weniger vorhersehbaren Umgebung trainieren, als Ihnen dies aus einer statischen Situation heraus möglich wäre.

Kontern Sie den Bruch

Den Bruch des Flusses zu kontern bildet den nächsten Schritt. Sobald ein fließender Drill aufgebaut ist, wird Ihr Partner versuchen, Sie zu überraschen, indem er eine der oben gelisteten Möglichkeiten verwendet. Sprechen Sie zunächst ab, mit welcher Aktion er den Bruch durchführen wird (z. B. mit einem Wurf gegen Ihren *Mandritto*, nachdem Sie die *Sottano*-Entwaffnung durchgeführt haben), aber nicht, wann er dies tut. So müssen Sie während der gesamten Übung Ihre Aufmerksam aufrecht erhalten. Wenn Ihnen das leicht fällt, dann können Sie die Vorhersehbarkeit nach und nach reduzieren, bis Ihr Partner schließlich den Fluss an einer beliebigen Stelle und mit einer beliebigen Technik brechen kann. Dabei kann der Drill schnell zu einer Prügelei ausarten. Wenn etwas also nicht so recht klappen will, brechen Sie ab und bauen Sie den Fluss von Neuem auf. Eine Reihe von Bildern zur Veranschaulichung wäre an dieser Stelle reine Papierverschwendung, aber Sie können ihn sich als Video im Wiki ansehen.

Nun haben Sie eine recht breit gefächerte Grundlage an Dolchtechniken. Versuchen Sie nun, Ihre eigenen Flowdrills zu entwickeln, um bestimmte Aspekte der Kunst, die Sie gerade besonders interessieren, üben zu können.

Sechzehntes Kapitel

GERÜSTETER KAMPF

Rüstungen sind, wer hätte etwas anderes erwartet, äußerst nützlich. Es ist sehr, sehr schwer, sie direkt mit einer Handwaffe zu durchstoßen, weshalb man normalerweise auf die Schwachstellen einer Rüstung zielt, wie zum Beispiel unter die Achseln und auf (wie Fiore sagt) „mit allem nötigen Respekt, die Pobacken."

Wenn Sie eine Rüstung tragen, so ist es nicht nötig, die Waffe Ihres Gegners so weit von sich weg zu halten, als wären sie ungerüstet. Deshalb weist uns Fiore an, bei der Verteidigung die Arme zu kreuzen. Diese Blöcke sind sehr stabil, aber auch sehr kurz. Doch wen stört das schon? Die Waffe wird wirkungslos an Ihrer Rüstung kratzen und Ihr Knappe wird, nachdem er das Blut Ihres Gegners weggewischt hat, den Kratzer schon wieder rauspolieren.

Die Techniken werden in Fiores Buch ohne Rüstung dargestellt, weshalb ich hier dasselbe gemacht habe. Der Text gibt jedoch deutlich zu verstehen, dass Sie diese nur anwenden sollten, wenn Sie den entsprechenden Schutz tragen.

Der zweite Meister

Diese Verteidigung wird nicht wie bisher gegen das Handgelenk des Angreifers durchgeführt, sondern mit gekreuzten Armen gegen die Klinge des Dolchs.

1. Der Angreifer und der Verteidiger befinden sich beide mit dem linken Fuß vorne in *Porta di Ferro*. Die Arme des Verteidigers können an dieser Stelle bereits gekreuzt sein.

2. Der Angreifer geht mit einem zur Maske gezielten *Fendente* nach vorne.

3. Gehen Sie etwas nach hinten links und heben Sie Ihre gekreuzten Arme hoch und nach rechts, um die Klinge im Kreuz zu fangen.

4. Schieben Sie Ihre linke Hand nach links, um den Angreifer in eine *Ligadura Mezana* zu sperren.

5. Nehmen Sie ihm den Dolch mit Ihrer rechten Hand ab und schlagen Sie zu.

Nach dem Block (an Stelle 3) könnten Sie den Angreifer auch auf der Außenseite offen vorfinden. In diesem Fall:

4. Bringen Sie Ihre linke Hand nach links, um dem Angreifer ins Gesicht zu schlagen,

5. während Ihre rechte Hand sein rechtes Handgelenk packt.

6. Führen Sie den Wurf des dritten Meisters durch.

Guy blockt Kens Angriff mit dem Block des zweiten Meisters.

Die Öffnung ist auf der Innenseite, also bindet Guy Ken und schlägt zu.

Die Öffnung ist auf der Außenseite, also schlägt Guy Ken mit seinem Unterarm ins Gesicht und wirft ihn.

Fiore zeigt uns an dieser Stelle nur vier Stücke: den Meister, den Konter-meister (der wie beim sechsten und achten Meister den Ellenbogen weg-schiebt), eine Variante der *Ligadura* und den dazu gehörenden Konter.

Der siebte Meister

Wie auch der zweite Meister hat der siebte seine Arme gekreuzt, doch sind seine durch einen an beiden Enden gehaltenen Dolch verbunden. Sein Block wird ebenso gegen den Dolch gerichtet und er fährt genau so fort, wie der zweite Meister. Der Unterschied besteht darin, dass er einen Dolch zum Zu-schlagen hält. Fiore zeigt uns an dieser Stelle nur zwei Stücke, nämlich den Meister (der sagt, er könne die *Ligadura Mezana* des ersten Meister anwen-den oder den Ellenbogen des Angreifers beiseite schieben und zuschlagen) und den Konter, welcher selbstverständlich das Wegschieben des Ellenbo-gens ist.

Guy blockt Kens Angriff mit dem siebten Meister.

Die Öffnung ist auf der Außenseite, also drückt Guy Kens Ellenbogen weg und schlägt zu. Die Öffnung ist auf der Innenseite, also wendet Guy die *Ligadura* an und schlägt zu.

Ken führt den Konter durch.

Siebzehntes Kapitel

ERWEITERN SIE IHRE
FERTIGKEITEN

Die technischen Drills sollten Ihnen eine Vorstellung davon geben, wie die Dolchstücke sowohl in statischen als auch fließenden Drills angewendet werden können. Wir haben die Möglichkeit, jeden Drill um einen Schritt zu erweitern und können jegliche Abfolge von Aktionen in unser Training einbauen..

Fügen Sie einen Schritt hinzu: Eine einfache Methode, einen Drill lehrreicher zu gestalten, ist, dem „Verlierer" zu erlauben, den letzten Schritt zu kontern, wenn er dazu in der Lage ist. Wenn Sie zum Beispiel die Entwaffnung des ersten Meisters durchführen und Ihr Partner den passenden Konter anwendet, könnten Sie sich an dieser Stelle noch an einem Gegenkonter versuchen. Theoretisch ist dies nicht das Ende des Drills, da auch dieser Schritt noch einmal gekontert werden kann. Fügen Sie jeweils nur einen neuen Schritt hinzu und arbeiten Sie sich dann langsam voran. Wenn es Ihnen zu kompliziert wird und Sie nicht mehr wissen, wie Sie in eine bestimmte Situation gelangt sind, halten Sie an.

Freiheitsgrade: In dieser Übung gehen wir durch alle Optionen, die von einem festgelegten Punkt aus möglich sind. Dies können zum Beispiel die Stücke sein, die dem Block des ersten Meisters folgen. Der Schüler kann an dieser Stelle eine Entwaffnung, eine Bindung, einen Bruch oder einen Wurf durchführen, der Angreifer die jeweils passenden Konter.

Als nächstes wählt der Angreifer seine Konter dann willkürlich. Zum einen kann der Verteidiger dem Angreifer so helfen, seine Entscheidungsfähigkeit zu sensibilisieren, zum anderen kann der Angreifer dem Verteidiger helfen, seine Anpassungsfähigkeit zu schulen. Wenn solche Entscheidungen möglich sind, sprechen wir von vorhandenen Freiheitsgraden. In diesem Fall hat der Angreifer einen Freiheitsgrad; eine Stelle im Drill, an der er sich entscheiden kann, wie er fortfährt.

Die „Rule of Cs" kann dann auf die oben genannten Möglichkeiten angewendet werden. Jeder Drill wird zuerst von den Partnern ausgearbeitet:

- **„Cooperating in creating correct choreography" (Kooperieren Sie zum Bilden einer korrekten Choreographie)**

Sobald Ihnen das leicht fällt, erhöhen Sie die Intensität oder fügen Sie einen Freiheitsgrad ein (z. B. kann der Angreifer in der Angriffslinie variieren). Ein Partner wird dabei die Schwierigkeit für den anderen anpassen, damit dieser in seiner bestmöglichen Lernumgebung trainieren kann. Wenn die Technik jedes Mal funktioniert, erhöhen Sie den Schwierigkeitsgrad. Wenn sie öfter als zwei von zehn mal scheitert, verringern Sie ihn etwas. Wir nennen dies

- **„Coaching correct actions" (Lehren Sie richtige Aktionen)**

Zuletzt versuchen beide Partner, mit ihrer Technik erfolgreich zu sein. In unserem Beispiel wählt der Angreifer also die Linie, von der er glaubt, dass auf ihr der Angriff am ehesten gelingen wird. Im „Coaching" geben Sie Ihrem Partner die Möglichkeit, Ihre Technik zu kontern. Wenn Sie mit ihm konkurrieren, versuchen Sie, mit Ihrer Aktion erfolgreich zu sein. Wenn Sie dabei übertreiben, kann dies sehr gefährlich werden, seien Sie also vorsichtig und tragen Sie, nur für den Fall, Ihre vollständige Schutzbekleidung. In der Praxis sollte der Erfahrenere mehr Treffer erzielen, ohne vom Drill abzuweichen. Das ist in Ordnung und gibt Ihnen eine gute Vorstellung von Ihrem eigenen Fortschritt. Also

- **„Compete" (Konkurrieren Sie)**

Versuchen Sie in einer beliebigen Übung, Ihre Technik durchzubringen, ohne diese zu verändern. Wenn der Drill also vorgibt, dass ich Sie mit einem *Mandritto* angreife und Sie dann den ersten Meister und eines seiner Stücke anwenden, mache ich meinen Angriff wann und wie ich denke, dass er auch klappt. Wenn Ihre Verteidigung hinhaut, gut gemacht. Wenn nicht, dann werden Sie getroffen. Wir konkurrieren um den Treffer innerhalb der Grenzen dieses Drills.

Achtzehntes Kapitel

EIN SYSTEM, VIELE WAFFEN

Es ist wichtig, den Zusammenhang zwischen dem Dolchmaterial und dem restlichen System zu verstehen. Da es den größten zusammenhängenden Abschnitt des Buchs stellt, finden wir dort viele Aktionen, die auch in anderen Kampfsituationen angewendet werden können. Lassen Sie mich Ihnen zeigen, wie ein und dieselbe grundlegende Aktion drei scheinbar verschiedene Techniken erzeugt, wenn ich sie entweder unbewaffnet, mit einem Dolch oder mit einem Schwert durchführe.

Guy verteidigt sich mit dem Block des vierten Meisters und wendet eine Überstreckung an.

Guy verteidigt sich mit dem Block des sechsten Meister und führt eine Entwaffnung durch.

Guy geht nach dem Kreuzen der Klingen vor und führt die *Soprana Tor di Spada* durch (19. und 20. Stück des *Zogho Stretto*).

Diese Beispiele verdeutlichen hoffentlich, dass es sich hierbei um ein einziges, zusammenhängendes System handelt. Anweisungen zu Schwerttechniken können Sie im nächsten Band der Serie finden. Versuchen Sie nicht, die oben gezeigte Aktion durchzuführen, wenn Sie nicht bereits einige Zeit mit dem Schwert trainiert haben.

Neunzehntes Kapitel

SCHWERT GEGEN DOLCH

A m Ende des Dolchteils gibt uns Fiore detaillierte Anweisungen zur Verteidigung gegen Schwertangriffe. Diese Sektion ist deshalb von besonderer Bedeutung, weil hier im Buch das erste mal ein Schwert auftaucht. Wir sollen bei den Angriffen nur zwischen Stich und Hieb unterscheiden und bei letzterem noch, ob die Innen- oder die Außenseite offen ist. Die Grundlage für das taktische System des Kampfes mit dem Schwert gegen das Schwert wird an dieser Stelle gelegt und ich glaube, dass Fiore uns aus genau diesem Grund die folgenden Techniken zeigt und nicht wirklich jemandem dazu rät, nur mit einem Dolch bewaffnet gegen einen Schwertkämpfer anzutreten!

Wir beginnen die Techniken in jedem Fall aus einer Stellung heraus, bei der das Gewicht hinten, auf dem linken Fuß liegt. Sie können wie folgt dorthin gelangen:

1. Halten Sie den Dolch mit der Spitze nach unten im Eispickelgriff.
2. Stehen Sie mit dem rechte Bein vorne in einer normalen Grundstellung.
3. Blicken Sie weiterhin in dieselbe Richtung
4. und führen Sie eine *Volta Stabile* durch, um Ihr Gewicht auf den hinteren Fuß zu verlagern.

Fiore nennt diese Position mit dem Dolch *Dente di Zenghiaro*, die Stellung des Zahns des Keilers.

Wenn Sie die folgenden Techniken trainieren möchten, sollten Sie und Ihr Partner bereits einiges an Erfahrung mit dem Schwert gesammelt haben. Sie müssen beide in der Lage sein, mit einer Hand sichere Schläge zur Maske durchzuführen, sodass Sie diese bei voller Kontrolle über das Schwert nur sacht antippen.

Verteidigung gegen den Stich

1. Der Angreifer steht mit dem linken Fuß vorne und hält das Schwert mit nach vorn gerichteter Spitze horizontal auf Hüfthöhe; der Verteidiger steht im Zahn des Keilers.
2. Der Angreifer geht mit einem Stich zum Bauch nach vorne.
3. Schwingen Sie den Dolch auf Ihre rechte Seite hinüber.
4. Kreuzen Sie das Schwert mit Ihrer Klinge und treiben Sie so die Spitze nach rechts,
5. während Sie Ihren vorderen (rechten) Fuß neben Ihren linken nach hinten ziehen.
6. Kontrollieren Sie mit Ihrer linken Hand den rechten Ellenbogen des Angreifers
7. und gehen Sie Ihrem linken Fuß nach vorne,
8. um ihm in die Brust zu stechen.

Guy wartet in *Dente di Zenghiaro*, Ken ist zum Stich bereit.

Ken sticht zu. (Beachten Sie, dass wir die Darsteller relativ zur Kamera gedreht haben, um die Klingen besser sichtbar zu machen.)

Als Ken zusticht, zieht Guy seinen rechten Fuß nach hinten, schwingt den Dolch quer auf die andere Seite hinüber und schiebt den Stich zur Seite weg.

Guy geht mit dem linken Fuß nach vorne, schiebt Kens Ellenbogen weg

und schlägt zu.

Der Konter zur Dolchverteidigung gegen den Schwertstich

Wenn Sie mit dem Dolch parieren und mit Ihrer linken Hand nach dem rechten Ellenbogen oder Unterarm des Angreifers langen,

1. unterbricht der Angreifer diese Bewegung mit seiner eigenen linken Hand,
2. dreht Sie von sich aus nach links
3. und macht mit dem linken Fuß einen weiteren Schritt, während er sein Schwert zurückzieht, um es Ihnen in den Rücken zu stechen.

Als Guy nach vorne geht, blockt Ken Guys linken Ellenbogen mit seiner linken Hand

und zieht sein Schwert zurück, um es zu befreien und erneut zuzuschlagen.

Verteidigung gegen den Hieb

Es ist wichtig, bei dieser Technik an den Angreifer auf eine Weise heranzugehen, die den Großteil der Energie des Schlags nicht auffängt. Der schnellste Teil des Schwertes, der deswegen auch am stärksten zuschlägt, ist die Spitze, der langsamste der Griff. Deswegen werden wir versuchen, diese Parade so nah wie möglich an seinen Händen durchzuführen. Abhängig davon, wie die Waffen sich treffen, was zu einem guten Teil davon abhängt, wie der Angreifer seine Kraft lenkt, werden wir ihn entweder auf der Außenseite offen finden und seinen Ellenbogen wegschieben oder auf der Innenseite und seine Arme binden. Fiore beschäftigt sich bei seinen Schwertstücken stets zuerst mit einem starken und widerspenstigen Gegner. Die ersten Stücke des Schwertes in einer Hand und des *Zogho Largo* zeigen, was man machen muss, wenn die Parade des Verteidigers keine vollständig offene Linie schafft, nämlich auf der anderen Seite zuschlagen.

Teil eins: Außenseite

1. Der Angreifer steht mit dem linken Fuß vorne und hält das Schwert horizontal über der Schulter; der Verteidiger steht im Zahn des Keilers.
2. Der Angreifer schlägt mit einem Schritt nach vorne einen Hieb zum Kopf des Verteidigers.
3. Heben Sie Ihren rechten Ellenbogen nach rechts, drehen Sie die Spitze des Dolches hoch und blocken Sie den Hieb,
4. während Sie mit dem rechten Fuß nach rechts aus der Linie und mit dem linken nach vorn gehen.
5. Der Angreifer leistet der Parade Widerstand, indem er seine Hände leicht von sich aus nach links dreht.
6. Greifen Sie mit Ihrer linken Hand nach dem Ellenbogen des Angreifers.
7. Drehen Sie ihn herum und stechen Sie ihm in den Rücken.

Ken greift Guy mit einem Hieb an.

Während des Angriffs geht Guy aus der Linie und blockt mit seinem Dolch Kens
Schwert.

Kens Außenseite ist offen, also drückt Guy seinen Ellenbogen weg

und schlägt zu. (Beachten Sie, dass die Darsteller wieder relativ zur Kamera gedreht sind.)

Teil Zwei: Innenseite

1. Der Angreifer steht mit dem linken Fuß vorne und hält das Schwert horizontal über der Schulter; der Verteidiger steht im Zahn des Keilers.
2. Der Angreifer schlägt mit einem Schritt nach vorne einen Hieb zum Kopf des Verteidigers.
3. Heben Sie Ihren rechten Ellenbogen nach rechts, drehen Sie die Spitze des Dolches hoch und blocken Sie den Hieb,
4. während Sie mit dem rechten Fuß nach rechts aus der Linie und mit dem linken nach vorn gehen.
5. Der Angreifer leistet der Parade keinen Widerstand, weshalb seine Innenseite offen ist.
6. Langen Sie mit Ihrer linken Hand über seine Arme nach vorn,
7. um die *Ligadura Mezana* anzuwenden und zuzuschlagen.

Ken hat angegriffen: Guy pariert mit einem Schritt und findet Ken auf der Innenseite offen vor. Guy bindet und schlägt zu.

Nachdem wir uns mit dem Dolch gegen das Schwert verteidigt haben, drehen wir das Spiel nun um und betrachten, wie man sich mit dem Schwert gegen einen Dolchangriff verteidigen kann. Das Schwert befindet sich dabei in der Scheide und wird in der linken Hand getragen (ist also nicht am Gürtel befestigt). Und auch hier käme kein Mensch, der noch alle Sinne beisammen hat, auf die Idee, mit einem Dolch in der Hand einen Schwertträger, wenn auch mit in der Scheide steckender Waffe, am Kragen zu packen und zu sagen: „Ich werde dich mit meinem Dolch schlagen, noch ehe du dein Schwert aus der Scheide ziehen kannst!"

Auch würde der Schwertträger nicht antworten: „Schlag du nur zu, denn ich bin bereit!"

Auf diese Art wird der Text jedoch unterhaltsamer und lässt sich leichter einprägen.

Die Lehre, die wir aus den folgenden Techniken ziehen können, ist äußerst interessant: Wenn das Schwert tief gehalten wird, kann es nach oben oder unten gegen einen Angriff geführt werden, wenn es jedoch hoch gehalten wird, dann kann es nur nach unten gehen. In jedem Fall wird die Waffe sofort kontrolliert und anschließend der Gegner gebrochen. Die Stücke klappen mit einer steifen Schwertscheide am besten, funktionieren aber auch, wenn Sie, wie hier gezeigt, eine Lederscheide verwenden. Im Mittelalter bestanden die Scheiden meist aus ledergedecktem Holz und waren mit einer Metallspitze ausgestattet.

Verteidigung von oben nach unten

1. Beginnen Sie mit dem Schwert in der Scheide und halten Sie diese mit Ihrer linken Hand nahe der Kreuzstange und den Griff des Schwertes mit Ihrer Rechten. Das Schwert weist über Ihre linke Schulter nach oben, der linke Fuß ist vorne.
2. Der Angreifer packt Sie mit der linken Hand an der Jacke und hebt seinen Dolch zum Schlag.
3. Schlagen Sie die in der Scheide steckende Klinge auf seinen rechten Ellenbogen herunter,
4. während Sie mit einem *Discrescere* nach hinten gehen.
5. Ziehen Sie das Schwert und stechen Sie damit in seinen Bauch.

Ken packt Guy und hebt seinen Dolch.

Guy schlägt mit der Scheide auf Kens rechten Ellenbogen hinunter

und zieht das Schwert, um zuzustechen.

Verteidigung von unten nach unten

1. Beginnen Sie mit dem Schwert in der Scheide und halten Sie diese mit Ihrer linken Hand nahe der Kreuzstange und den Griff des Schwertes mit Ihrer Rechten. Ihr Daumen ist dabei nach unten (zur Kreuzstange) gerichtet. Das Schwert halten Sie auf der linken Seite und mit der Spitze nach unten. Stehen Sie mit Ihrem rechten Fuß vorne.
2. Der Angreifer packt Sie mit seiner linken Hand an der Jacke und hält den Dolch dabei tief in der Rechten.
3. Wenn er seine Hand zum Schlag erhebt,
4. schwingen Sie die in der Scheide steckende Klinge hinunter auf seinen Ellenbogen,
5. während Sie mithilfe eines *Tornare* nach hinten gehen.
6. Ziehen Sie das Schwert und stechen Sie damit in seinen Bauch.

Ken packt Guy und hebt seinen Dolch.

Guy geht nach hinten und schwingt sein Schwert auf Kens Ellenbogen hinunter

und zieht sein Schwert, um zuzustechen.

Verteidigung von unten nach oben

1. Beginnen Sie mit dem Schwert in der Scheide und halten Sie diese mit Ihrer linken Hand nahe der Kreuzstange und den Griff des Schwertes mit Ihrer Rechten. Ihr Daumen ist dabei (wie beim Eispickelgriff) nach oben gerichtet. Das Schwert halten Sie auf der linken Seite und mit der Spitze nach unten. Stehen Sie mit Ihrem rechten Fuß vorne.
2. Der Angreifer packt Sie mit seiner linken Hand an der Jacke und hält den Dolch dabei tief in der Rechten.
3. Wenn er seine Hand zum Schlag erhebt,
4. schlagen Sie die in der Scheide steckende Klinge nach oben gegen sein Handgelenk,
5. während Sie mithilfe eines *Tornare* nach hinten gehen.
6. Ziehen Sie das Schwert, werfen Sie dabei die Scheide in sein Gesicht
7. und stechen Sie mit dem Schwert zu.

Ken packt Guy und hebt seinen Dolch.

Guy geht nach hinten und schlägt gegen Kens Handgelenk nach oben.

Guy zieht sein Schwert, wirft dabei die Scheide in Kens Gesicht und schlägt zu.

Was den Griff am Schwert angeht, sollten Sie an dieser Stelle nicht zu pinge-
lig sein. Ich habe die Beinarbeit und die Griffe hier so vorgeführt, wie sie in
Fiores Illustrationen dargestellt werden. An sich ist die Idee jedoch, so glaube ich, sich umgehend mit dem Schwert in der Scheide zu verteidigen und
es dann zum Schlag zu ziehen, unabhängig davon, wie Sie es gerade halten.
Dabei vergrößern Sie den Abstand zu Ihrem Gegner, um den Vorteil Ihrer
längeren Waffe nutzen zu können, und zwar unabhängig davon, wie Sie gerade stehen.

DANKSAGUNG

Vor langer Zeit bat mich Kaj Westersund, einer der angesehensten Kampfkunstlehrer in Finnland, ein Fiore-Dolchseminar zu unterrichten, woraufhin ich ihm sagte, er solle mir sechs Monate geben, um das System zu verinnerlichen und ich käme der Bitte nach. Dieser erste Impuls wurde durch Rob Lovett und Bob Charron verstärkt, die mir die systematische Natur von *Il Fior di Battaglia* verdeutlicht haben: Man kann es nicht wirklich verstehen, wenn man nur ein einzelnes Stück betrachtet. Meine Dolchinterpretation wurde enorm dadurch vorangetrieben, dass ich einige Messerkampf-Workshops von Kaj besucht habe und dadurch meine Fertigkeiten stark verbessern konnte. Bis dahin hatte ich eine Menge Training mit dem Schwert und waffenlos genossen, jedoch nie eine aufs Messer aufbauende Kunst studiert. Kajs Übersichtskurse öffneten meine Augen für die Welt der wirklich interessanten Messerkünste (und halfen mir, mit dem Training mit scharfen Waffen zu beginnen). Die Fingerfertigkeitsübung ist zum Beispiel aus einer seiner Übungen entstanden.

Deswegen danke ich den folgenden Personen:

Rob Lovett und Bob Carron, die mich dazu gebracht haben, Fiores Kunst als Ganzes zu betrachten.

Greg Mele und Tom Leoni dafür, dass sie den Dolchteil aus meinem Langschwertbuch herauslösen wollten.

Kaj Westersund für den ersten Impuls und großartige Seminare.

Meinen Schülern für das Ertragen der endlosen Forschung und des langen Entwicklungsprozesses. Mein Dank richtet sich besonders an jene, die Sie in diesem Buch sehen können: Mikko Hänninen, Julia Arkanova, Jukka Samli, Juhani Nissilä, Auri Poso und Kenneth Quek.

Meiner Agentin Shelly Power, die sich um die Verträge kümmert, damit ich weiterhin auf Dinge einschlagen und meine Erkenntnisse niederschreiben kann.

Eric Artzt für gründliches Korrekturlesen, mit dem Dolch in der Hand.

Jari Juslin, für sein perfektionistisches Bestreben bei den Fotografien.

Meinem Schüler Frank Polenz, der eine Zweigstelle der *School of European Swordsmanship* in Osnabrück leitet, für jahrelanges engagiertes und begeistertes Training und für die Anfertigung dieser Übersetzung.

Dierk Hagedorn, der nicht nur in Fragen der Forschung in unserem Metier Außerordentliches beigetragen hat, sondern auch hervorragende Arbeit beim Layout dieser deutschsprachigen Ausgabe des *Mittelalterlichen Dolches* geleistet hat.

Meiner Frau und meinen Töchtern für ihre unschätzbare Unterstützung und Ablenkung.

BIBLIOGRAPHIE

Primärquellen

Il Fior di Battaglia (MS Ludwig XV13), J. P. Getty Museum in Los Angeles
* Malipiero, Massimo: *Il Fior di battaglia di Fiore dei Liberi da Cividale (Il Codice Ludwig XV 13 del J. Paul Getty Museum)*, Ribis, 2006.
* Leoni, Tom: *Fiore de' Liberi's Fior di Battaglia*, Eigenverlag, 2009.

Flos Duellatorum, (im Privatbesitz)
* Als Kopien veröffentlicht; Novati, Francesco: *Flos Duellatorum: In arnis, sine arnis, equester, pedester*, Bergamo, 1902.

Sekundärquellen

Charette, Robert N.: *Fiore dei Liberi's Armizare*, Freelance Academy Press, 2011.

Tobler, Christian: *In Saint George's Name: An Anthology of Medieval German Fighting Arts*, Freelance Academy Press, 2010.

Windsor, Guy: *Swordsman's Companion*, Chivalry Bookshelf, 2004.

Windsor, Guy: *Mastering the Art of Arms vol 2: The Medieval Longsword*, 2014.

Leseempfehlungen zum Thema Lernfähigkeit

Gallwey, W. Timothy: *The Inner Game of Tennis: The Classic Guide to the Mental Side of Peak Performance*, Random House, 1974 (überarbeitete Ausgabe 1997).

Waitzkin, Josh: *The Art of Learning: An Inner Journey to Optimal Performance*, Free Press, 2008.

Leseempfehlungen für an der Selbstverteidigung Interessierte

De Becker, Gavin: *The Gift of Fear and Other Survival Signals that Protect us from Violence*, Dell, 1997.

Grossman, Lt. Col, Dave: *On Killing: The Psychological Cost of Learning to Kill in War and Society*, Back Bay Books, 1996.

Miller, Sgt. Rory: *Meditations on Violence: A Comparison of Martial Arts Training & Real World Violence*, Ymaa Publications Center, 2008.

GLOSSAR

H ier finden Sie eine Liste von Begriffen aus Fiores Werk und aus dem modernen Fechten, die im Training häufig benutzt werden. Die meisten sind eher für das Langschwert relevant, jedoch ist es niemals zu früh, sein Italienisch etwas zu verbessern. Die Übersetzungen sind spezifisch für Fiores Werk und werden nicht notwendigerweise im modernen Italienisch oder anderen historischen Quellen so verwendet. Sie sollten außerdem beachten, dass die Begriffe in der Quelle selbst oft unterschiedlich geschrieben werden. Wenn Sie am Übersetzungsprozess interessiert sind, sollten Sie *Half Full? Translating Mezza and Tutta in Fior di Battaglia* lesen. Sie können diesen Artikel auf www.swordschool.com finden (nur auf Englisch verfügbar).

Obwohl es Brauch ist, Adjektive zuerst in ihrer maskulinen Form aufzulisten, habe ich unten stets die in Fiores Werk am häufigsten genutzte Form (z.B. *Longa*) und ebenso die entsprechenden Schreibweisen gewählt (so wäre z.B. *Zogho* im modernen Italienisch *Gioco*). Diese Begriffe werden oft kombiniert. So ist *Mandritto Fendente* zum Beispiel ein mit der Vorhand durchgeführter, von oben nach unten gerichteter Hieb.

Abrazare: Ringen.
Accrescere: Vorangehen, ohne einen Schritt zu machen.
Alla Traversa: Schräg hinüber.
Angriff: Die erste offensive Bewegung.
Bicorno: Zweigehörnt; eine Stellung.
Breve: Kurz; eine Stellung.
Colpo (pl. Colpi): Ein Schlag, entweder ein Hieb oder ein Stich.
Destro: Auf der Rechten.
Discrescere (Nomen: Discrescimento): Zurückgehen, ohne einen Schritt zu machen.
Donna: Frau; eine Stellung.
Falso: Falsch.

Fendente: Ein von oben nach unten gerichteter Hieb.

Fenestra: Fenster; eine Stellung.

Fora di Strada: Aus dem Weg oder von der Linie; wie in „Accresco fora di strada," „Ich gehe aus der Linie."

Frontale: Frontal; eine Stellung.

Konterangriff: Offensive Bewegung (Hieb oder Stich), um einen Angriff zu kontern, während dieser Angriffs stattfindet (nicht vorher oder nachher).

Ligadura: Eine Bindung; Ligadura Soprana = hohe Bindung; Ligadura Mezzana = mittlere Bindung; Ligadura Sottana = tiefe Bindung.

Longa: Lang; eine Stellung.

Mandritto: Vorhand.

Mezza/Mezzana: Mitte oder halb, vom Kontext abhängig.

Mezano: Einer der sechs Hiebe; horizontal, wörtlich „Mittelhieb".

Parade: Erfolgreiches Ablenken einer offensiven Bewegung.

Passare: Passieren; einen Schritt nach vorne machen.

Passo: Ein Schritt nach vorne; ebenso die Distanz zwischen den Füßen; „passo alla traversa," „Gehen Sie hinüber."

Porta di Ferro: Eisernes Tor; eine Stellung, entweder mittig (mezzana) oder voll (tutta).

Posta: Stellung/Position; pl. Poste.

Punta: Spitze/Ort (einer Waffe) oder ein Stich.

Rebattere: Zur Seite schlagen; speziell eine ankommende Waffe.

Remedio: Antwort/Gegenmittel; speziell eine Verteidigung gegen einen Angriff; normalerweise einer Parade folgend.

Riposte: Die offensive Aktion des Verteidigers, die direkt der erfolgreichen Parade folgt.

Rompere: Brechen, wie in „Rompere di Punta," „Brechen des Stichs" (eine defensive Aktion).

Roverso: Rückhand.

Scambiare: Wechseln, wie in „Scambiare di Punta," „Wechseln des Stichs" (eine defensive Aktion).

Sinistra: Auf der Linken.

Sottano: Ein von unten nach oben gerichteter Hieb.

Strada: Weg, Linie; konkret die Linie zwischen den Kämpfern; normalerweise im Kontext „fora di strada," „aus der Linie".

Tondo: Ein horizontaler Hieb (wie Mezano).

Tornare: Ein Schritt nach hinten.

Tutta: Gesamt oder voll.

Vera Croce: Wahres Kreuz; eine Stellung.

Volta: Drehung; Volta Stabile = stabile Drehung; Mezza Volta = halbe Drehung; Tutta Volta = volle Drehung.

Zenghiaro: Wilder Eber; eine Stellung; normalerweise in „Posta di Dente di Zenghiaro," Stellung des Zahns des Keilers.

Zogho Largo: Weites Spiel; speziell Aktionen, die geschehen, bevor die Schwerter gekreuzt sind oder in einer Kreuzung, bei der die Spitzen weit vom Kämpfer entfernt sind.

Zogho Stretto: Nahes Spiel; speziell Aktionen, die geschehen, wenn die Kreuzung mit den Spitzen nah und Druck auf die Bindung gerichtet ist.

www.ingramcontent.com/pod-product-compliance
Lightning Source LLC
Chambersburg PA
CBHW071743120626
46550CB00002B/645